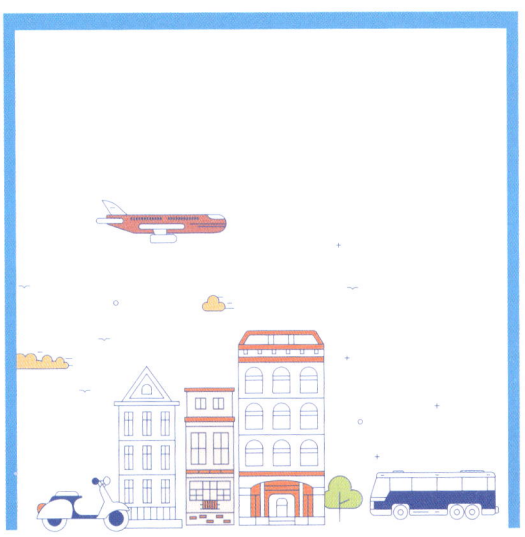

여행, 도시, MICE 마케터들의 이야기

홍주석 지음

(주)에이치알_ 호텔앤레스토랑

Prologue

2006년, 좀 더 넓은 세상을 경험하고 경영학을 좀 더 깊이 있게 공부하고자 영국의 작은 도시 세인트앤드루스(St Andrews)로 떠났다. 이 도시에 위치한 세인트앤드루스 대학교는 영국에서 옥스퍼드 대학교, 케임브리지 대학교에 이어 세 번째로 역사가 오래됐고 윌리엄 왕자와 그의 부인 케이트 미들턴이 다녔던 학교로도 유명하다. 이러한 요인들이 이 대학교를 선택하는데 일정 부분 영향을 미친 것도 사실이다. 하지만 이외에도 세인트앤드루스라는 도시에 대해서는 자세히 알지 못했으며 주변의 지인들도 별다른 정보가 없었다.

현지에 도착해서 놀랐던 사실은 생각했던 것보다 도시가 더 작다는 것이었다. 총 1만 6,800명의 인구가 이 도시에 살고 있으며 대학교 학생 수는 약 7,000명이었다. 말 그대로 대학 도시였다. 또 하나의 놀란 사실은 재학생 수 중 약 30%가 전 세계에서 온 국제학생이었으며 많은 학생들이 대학뿐만 아니라 도시에 대해서도 자세히 알고 있다는 것이었다. 특히 석박사의 남학생들이 잘 알고 있었는데, 알고 보니 이 도시가 골프가 탄생한 골프의 고향이었기 때문이다.

세인트앤드루스는 골프의 고향이 되기 이전에 유명한 종교도시였다. 중세시대에 세인트앤드루스의 뼈를 묻은 곳 위에 세인트앤드루스 대성당이 세워졌으며, 이 성당은 스코틀랜드에서 가장 큰 성당이었다. 세인트앤드루스는 북유럽에서 종교적으로 가장 중요한 도시였으며, 유럽 전역에서 순례자들이 몰려들어 세인트앤드루스 항에 300척의 배가 정박했다는 기록이 있다고 한다. 이 시기에 도시는 번성했으며 성당은 스코틀랜드 정부보다 많은 돈을 썼다고 한다. 하지만 종교개혁 시기에 성당은 잿더미로 변했으며, 많은 스코틀랜드인이 개신교가 됐다. 인구는 1500년대 1만 4,000명에서 1793년 2,854명으로 줄었다. 스코틀랜드에서 가장 번성하던 도시가 몰락한 것이다.

무너진 도시를 다시 살린 것은 골프였다. 당시 국왕이던 윌리엄 4세는 세인트앤드류 골프코스에서 경기하는 것을 즐겼는데 이를 계기로 1834년 이 골프클럽은 이름을 '세인트앤드류 왕립 골프 클럽(The Royal and Ancient Golf Club of St. Andrews)'으로 변경했다. 오래된 전통과 왕권의 권위가 더해지면서 이곳에서의 골프 운영과 관련된 각종 규정들을 전 세계의 다른 곳에서도 그대로 받아들이게 된 것이다. 또한 세인트앤드루스는 가장 오래된 골프대회인 디 오픈 챔피언십 개최권을 가지게 되면서 골프의 성지로 자리매김했다. 프로골퍼 잭 니클라우스는 "골퍼라면 골프의 고향인 세인트앤드루스에서 우승해야 한다."라고 말하기도 했다.

2015년 벌어진 디 오픈 챔피언십이 스코틀랜드 경제에 미친 효과는 1억 4,000만 파운드(약 2,045억 원), 여행자들이 쓴 비용이 8,800만 파운드, 방송 노출 효과가 5,200만 파운드였다. 스코틀랜드 동부 해안의 작은 도시 세인트앤드루스는 골프를 통해 엄청난 관광수입을 얻은 것이다. 더 나아가 전 세계로의 도시 홍보효과 또한 매우 컸다. 특히 브리티시오픈이 열릴 때면 지역 경제 파급효과가 스코틀랜드 전역에 미친다고 하며, 큰 대회가 열리지 않는 때에도 매년 전 세계의 골퍼들이 가장 유명한 골프코스 중 하나인 세인트앤드루스의 '올드코스'를 찾는다.

골프의 성지인 세인트앤드루스는 골프, 종교 외에도 윌리엄 왕자와 케이트 미들턴이 세인트앤드루스대학교에서 재학하면서 만난 곳으로도 유명해졌다. 세인트앤드루스는 이 소재들을 가지고 효과적인 스토리텔링을 해 도시를 홍보하고 있다.

인구 1만 6,800명의 도시가 여러 소재 및 스토리텔링에 힘입어 전 세계가 찾고 인지하는 도시가 됐다. '관광'이라는 분야에 무지했던 나는 '관광과 도시마케팅'에 대해 눈을 뜨게 됐고 이 흥미로운 분야에서 꿈을 찾았다.

지난 15년간 경기관광공사와 수원컨벤션센터에서 관광 및 MICE 분야에서 일하면서 업무적으로 경험한 것들과 느낀 것들을 장차 이 분야에 뛰어들 예비 업계인 또는 취업준비생, 그리고 이미 이 분야에서 일하고 있는 이들과 공유하고 싶다는 작은 바람으로 글을 쓰게 됐다. 많이 부족하고 미흡하지만 관광업계의 다양한 분야의 현장들을 담음으로써, 추상적으로 이 분야의 업무와 생태계에 대해 알고 있는 독자들에게 조금이나마 도움이 되길 바란다.

2022년 11월

홍 주 석

Contents

002 • **Prologue**

Chapter I

여행·관광

011 • 여행마케터, 그 막막한 시작
016 • 인플루언서를 활용한 여행마케팅
022 • 여행을 불러일으키는 힘, 콘텐츠 마케팅
029 • 디지털 황금, 빅데이터
035 • 고도의 감성마케팅, 캐릭터
042 • Super 플랫폼 vs One & Only 콘텐츠
048 • 여행의 게임화
053 • 장소에 생명을 불어주는 활동, 장소브랜딩
062 • 새로운 시너지 창출, 브랜드 컬래버레이션
067 • 요즘 대세, ESG

외부 칼럼

076 • 글로벌 테마파크 3곳의 경험
087 • 다시 열린 하늘길에 여행사는 무엇을 준비해야 할까?
094 • 호텔 마케팅의 시작
098 • 한국 문화를 관광으로 잇다, 문화관광마케터
106 • 지역소멸을 막는 마지막 희망, 도시재생
110 • 인천공항, 새로운 관점의 공간해석
115 • 미래의 여행플랫폼, OTA

Chapter Ⅱ

도시·MICE

- 122 • 종합선물세트 MICE
- 130 • 대기업 해외영업·마케팅 직군도 부러워하는 Hidden 민간 외교관, MICE러
- 136 • 고객과 최전선에서 마주하는 선봉장, 영맨!
- 143 • MICE와 도시, 서로의 색을 입다
- 150 • 국제기구와 국제회의
- 157 • 협업의 힘! MICE 협력 네트워크 'Alliance'
- 164 • 도시의 랜드마크, 전시컨벤션센터
- 172 • 여전히 휴먼터치 요구되는 온라인 시대
- 180 • 만능 메타버스야, 오프라인은 죽지 않았다!
- 188 • 노잼도시 4인방? 우리에겐 MICE가 있다
- 195 • New MICE 마케팅

외부 칼럼

- 208 • 협회 직원으로서의 경험, MICE산업에서의 나의 여정
- 216 • MICE 역대 최대 규모로 진행됐던 '환경분야 글로벌 메가 이벤트'의 투어이야기
- 222 • 관광청에서의 커리어 : MICE 마케터
- 226 • 낭만 여수, 콘텐츠형 호텔이 지역관광활성화에 미치는 영향
- 235 • 경험, MICE산업을 재정의하다

- 239 • 해외기고 원문

- 260 • **Epilogue**

I

여행 · 관광

여행마케터, 그 막막한 시작

2008년 2월, 경기관광공사에서 회사 생활의 첫발을 내디뎠다. 관광 비전공자이자 경기도에 대한 풍부한 지식은 없었지만 루키로서의 열정과 패기로 마케터로서의 경력을 시작한 것이다.

여행을 좋아하는 나였지만 여행·관광 업무를 하다 보니 모르거나 생소한 용어가 다수 등장해 용어 습득과 함께 31개의 시·군으로 이뤄진 경기도와 경기도 관광자원에 대해 공부해야 했다. 팸투어, 세일즈 콜, 인바운드, 아웃바운드, DMO, FIT, GT, CVB, DMC 등의 관광 용어와 함께 서울을 둘러싸고 있는 경기도에 대해 하나하나 공부해 나갔다. 수원, 고양, 파주, 양평, 가평, 용인, 성남, 과천, 안산, 안성 등 경기도는 우리나라에서 가장 많은 시·군과 인구수를 자랑하고 있다. 에버랜드, 한국민속촌, 쁘띠프랑스·피노키오와 다빈치마을, 웨이브파크, DMZ(임진각 평화누리) 등 다양한 색깔과 성격의 관광자원과 체험거리를 바탕으로 국내여행객뿐만 아니라 해외여행객 유치에 발 빠르게 움직이고 있으며 31개 시·군과 관광지들이 서로 유기적으로 협력해 나가고 있었다.

마케팅과 관련해 이론적 지식은 있지만 실무 경험이 없었던 나는 하나하나 배워나가며 회사에서 진행해왔던 팸투어, 설명회, 관광상품개발, 국내·외

박람회 참가 등을 통해 경기도 관광을 전 세계, 특히 내가 담당했던 동남아시아를 대상으로 홍보·마케팅 했다. 싱가포르, 태국, 필리핀, 베트남, 말레이시아, 인도네시아 등지에서 관광박람회에 참가하며 경기도 홍보 리플릿 배포와 함께 일반 소비자를 대상으로 한 B2C 관광설명회, 여행사 상품개발 담당자를 대상으로 한 B2B 관광설명회 등 특히 2017~2018년 중국 사드보복 사태로 인한 시장 다변화 수요에 맞춰 더욱 공격적으로 홍보·마케팅할 수밖에 없었다.

해외 바이어와의 네트워크 구축, 상품개발, 잦은 해외 출장 등 화려해 보일 수도 있지만, 그 이면에는 해외 아웃바운드 상품개발 담당자, 그리고 국내 인바운드 상품개발 담당자들 대상으로 치열하게 영업·세일즈를 해야 했다. 꾸준한 접촉과 방문은 물론, 때에 따라서는 식사나 술자리를 통해 관계를 돈독히 다지는 것이 필요했다. 지금은 많이 줄었지만 당시에는 동남아시아, 그리고 특히 중국과 대만의 경우에는 술자리를 통한 관계 구축이 매우 중요했으며 담당자 및 거래회사와의 관계를 통해 상품과 단체 물량이 만들어지는 경우도 비일비재했다. 술자리와 술을 싫어하지는 않는 나였지만, 주량이 세지 않고 간이 있는 어색하고 불편한 자리로 인해 인내로 버텨야 했다. 나의 영업·마케팅 목표 성취와 여행업계에서 더 넓고 다양한 네트워크를 구축하고자 하는 일념으로 이겨나가며 나만의 영역을 만들어 나갔다.

코로나19 이전에도 온라인 디지털 마케팅의 영역이 빠르게 커지고 있었지만 코로나19 발생 이후 이제는 디지털 마케팅이 대세가 됐다. 여행 산업은 디지털 플랫폼 산업으로 완전히 전환됐으며, 빅데이터와 AI, 로봇과 같은 첨단 기술로 움직인다. 특히 코로나19로 인해 이동에 제약이 생기면서 사람들

페인터스히어로 공연단과 함께

이 여행을 떠나는 목적이 여행에서 경험으로, 이벤트에서 일상으로 이동했으며 사람들은 단순한 여행보다는 새로운 것을 경험할 수 있거나 특색이 있는 것을 선호하게 됐다.

디지털로의 빠른 마케팅 전환으로 나 또한 트렌드에 맞게 다양한 마케팅 기법을 배우고 활용해 나갔다. 우선적으로 시작했던 것이 인플루언서를 활용한 여행마케팅이었다. 인플루언서는 자신이 보유한 채널을 통해 자신의 메시지를 직접 유통할 수 있고, 시청자들과 직접 상호작용하며 특정 영역에 있어서는 연예인보다 더 큰 영향력을 지니고 있다. 그렇기에 특정 국가를 타깃으로 인플루언서를 활용함으로써 해당 도시와 관광지를 보다 효율적으로 홍보·마케팅할 수 있었다. 또한 플랫폼 시대를 맞아 글로벌 OTA와 메타서치 플랫폼을 활용한 마케팅도 주요했다. OTA와 메타서치 사이트들은 호텔 및 항공 정보뿐만 아니라 관광, 쇼핑, 음식점, 렌터카 등에 대한 정보도 가지고 있어 각 도시들이 그들의 관광자원 및 도시이미지를 홍보하기에 최적이며 이들 웹사이트는 방문자 예약 전환에도 크게 기여하고 있어 실질적인 경제 파급효과도 크다. 나는 트립어드바이저와의 협업을 통해, 그들의 빅데이터를 활용, 해외 주력 5개 시장에 3개 언어(영어, 중국어, 일본어)로 경기도 관광명소, 쇼핑명소, 축제 등의 정보를 제공했을 뿐만 아니라 전 세계 트립어드바이저 유저들의 경기관광포털로의 유입을 통해 경기도 방문율 제고에 힘썼다. 이외에도 SNS, 유튜브 등을 활용한 광고와 홍보를 진행했고 이를 위해 유튜브 알고리즘, 카피라이팅 비법, 상위 노출되는 키워드 선정 등을 공부해 나갔다.

여행업계에 있으면서 무엇보다 흥미롭고 생산적이라고 느꼈던 부분은 여행업계의 다양한 분야의 사람들과 만나서 교류할 수 있었던 것과 다른 산업의 관계자들과도 비즈니스를 창출할 수 있다는 것이었다. 여행업계를 구성하는 Key Player인 여행사, 테마파크, 호텔, 리조트뿐만 아니라 온라인 플랫폼인 야놀자, 익스피디아, 트립어드바이저, 클룩, 그리고 유관기관인 한국관광공사와 지자체 관광공사·관광재단, 해외 관광청 등 누구보다 다양한 분야의 사람들과 만나 서로 교류하며 배울 수 있었다. 마케팅의 영역이 온라인으로 확대됨에 따라 CJ ENM, SBS 등 미디어 매체와의 사업 진행도 추진할 수 있었고 지금은 메타버스 업체와도 협력하고 있다.

여행마케팅을 진행하면서 정형화된 답이 없고, 나라와 문화마다 마케팅과 영업·세일즈의 방식이 달라 고생했던 적도 많았다. 가끔은 바다에 돌을 던지는 느낌으로, 내가 추진하고 있는 마케팅의 효과에 대해 의구심이 들기

도 했고 과연 올바른 방향으로 가고 있는지 길을 잃은 것 같았다. 하지만 중간중간 여행사들과 함께 만든 상품개발에서 나오는 성과와 SNS에서의 높은 조회 수와 클릭률(CTR), 그리고 같이 협업했던 유관기관 관계자나 경기도를 방문했던 여행객들로부터의 좋은 피드백을 얻을 때면, 다시 기운이 샘솟고 열정 넘치게 일할 수 있었다.

여러 마케팅을 진행하면서 감사했던 부분은 다양한 사람들과 만나 교류하고 배우면서 서로 친구가 될 수 있었던 것과 해외 인플루언서와의 친분 형성, 피겨스케이팅 선수 김연아와 함께 할 수 있었던 '아이스 페스타 in 경기' 등 수없이 많다.

기존의 여행 마케팅이나 디지털이 강화된 현재의 마케팅에 있어 정답은 없는 것 같다. 디지털 마케팅이 더욱 효과가 있는 부분이 있고, 아직까지 대면 영업과 오프라인 마케팅이 효율적인 부분도 있다. 정해진 답은 없지만, 오늘도 본인이 속한 국가나 도시, 관광지, Venue, 서비스를 어떻게 마케팅할지 고민하는 모든 여행마케터들을 응원한다.

인플루언서를 활용한 여행마케팅

　회사에서의 격한 업무와 가정에서의 육아 등으로 개인 시간이 현저히 부족했던 나는, TV나 유튜브를 시청할 수 있는 시간이 절대적으로 부족했고, 그렇기에 내가 가장 많이 접한 인플루언서는 공교롭게도 '다니유치원'의 다니였다. 아들이 가장 애청했던 TV프로그램이 다니유치원이었고 다니 선생님의 열렬한 팬이었다. 아들을 위해 다니 선생님과 함께하는 이벤트도 참여했고, 다니 선생님과 함께하는 영화 관람도 했다. 나와 인플루언서의 만남(?)은 이렇게 시작됐다. 그 후 아들이 커가면서 개인 시간이 조금씩 생겨나 태국소녀 프래의 한국과 태국에 관한 이야기 '하이프래'와 경제 재테크 콘텐츠 유튜버 '신사임당' 등 내가 관심 있는 분야의 여러 채널과 인플루언서들에 대해 접하고 친근해지게 됐다.

　한 해에 벌어들이는 수익이 10억 원이 넘고, 10대 들이 가장 좋아하는 유명인 중에 이제 많은 숫자가 영화배우나 가수가 아닌 바로 인플루언서다. '온라인 세상의 유재석'으로 불리는 대도서관, 메이크업의 여신 포니, 그리고 2019년 커버 곡으로 유명해져 오랜 기간 유튜버 1위를 기록했던 제이플라는 높은 팔로워 수와 조회 수를 기록하고 있으며 10대 및 20대 사이에서는 모르는 사람이 없을 정도다. 이들 중 일부는 10대 및 20대에게 있어 유명 연예인보다도 더 인지도가 높으며 더 큰 영향력을 미친다. 인플루언서란 디지털에서 잘 소비되는 콘텐츠 제작자이자 충성도 높은 팔로어를 보유한 셀럽이며, 이들이 보유한 플랫폼(채널)을 통해 자신의 메시지를 직접 유통하는 이들을 말한다.(《평범한 사람들의 비범한 영향력, 인플루언서》, 이승윤·안정기 저)

많은 사람들이 인플루언서에 강한 영향을 받는 이유는 그들의 공감성, 유사성, 진정성 때문이다. 인플루언서들은 콘텐츠 제작에서 시청자들의 참여를 중요하게 생각하고 시청자들과 직접 인터렉션(상호 작용)하며 그들의 의견을 반영한다. 또한 인플루언서들의 콘텐츠는 기업이 만든 콘텐츠에 비해 덜 작위적인 느낌을 주며 그로 인해 사람들이 진정성을 느끼는 경우가 많다. 그리고 인플루언서들은 우리가 흔히 볼 수 있는 우리와 같은 일반인들이며 상대적으로 다른 세상에 사는 것 같은 연예인들과는 다르게 친근감을 느낄 수 있고 유사성을 가지게 된다. 무엇보다 인플루언서들은 전통적인 미디어에 비해 자신의 채널을 통해 콘텐츠를 빈번하게 올려서 우리가 쉽고 자주 접할 수 있도록 한다.

이와 같은 효과로 인해 많은 기업들은 때로는 연예인보다는 인플루언서를 활용해 홍보·마케팅을 진행한다. 하나의 좋은 예로 에미레이트 항공을 들 수 있다. 2016년 에미레이트 항공은 시트콤 '프렌즈'로 유명한 할리우드 배우 제니퍼 애니스톤(Jennifer Aniston)의 여행기를 담은 글로벌 캠페인 영상을 공개했다. 에미레이트 항공은 애니스톤에게 한화 약 57억 원을 지급하고 대대적인 마케팅을 진행했다. 에미레이트의 마케팅과 그녀의 인지도로 총 600만 뷰 이상을 달성했으니 나름대로 성공적인 캠페인이었다. 하지

미스 인디아

만 더 흥미로웠던 점은 에미레이트가 활용한 인플루언서 케이시 네이스탯(Casey Neistat)이다. 그는 해외에서 유명한 크리에이터이자, 필름메이커로서 에미레이트 항공사는 그에게 퍼스트 클래스 항공권을 제공하는 조건으로 항공 경험을 유튜브에 올려달라고 요청했다. 그의 동영상은 몇 달 안에 5,000만 뷰 이상을 기록했고 해당 동영상은 폭발적으로 인터넷상에서 퍼져 나갔다. 에미레이트가 그에게 제공한 것은 단지 퍼스트 클래스 항공권이었으며 그 외 추가적인 비용 지급은 없었다.

이러한 사례에서 보듯 때로는 인플루언서의 영향력이 유명 스타를 압도한다. 인플루언서 활용 마케팅은 이제 전 산업분야에 퍼지고 있으며 여행산업도 예외는 아니다. 특히 여행과 관련한 인플루언서의 수와 콘텐츠는 압도적으로 많다. 오지나 폐허 등 다소 위험하고 독특한 곳을 방문하는 '빠니보틀', 비보이 세계 챔피언의 여행을 다룬 '비보이의 세계일주' 등 다양하고 풍성한 콘텐츠를 다룰 수 있는 소재가 많아 많은 인플루언서들이 여행분야로 뛰어들고 있다. 그밖에 국제회의 및 전시회도 해당 행사를 홍보하기 위해 인플루언서를 활용하고 있으며 호텔·리조트도 인플루언서를 적극 활용하고 있다.

휘닉스 제주 섭지코지는 '금손 남친' 인플루언서와 협업해 제주도 여행지의 아름다운 분위기와 미모의 여자 친구를 영상으로 담아 마케팅을 진행했는데, 영상이 공개된 지 2주 만에 온라인 통합 조회 수 100만 뷰를 돌파했다. 이 영상은 몽환적인 제주에서의 여행을 화려한 영상미로 풀어낸 것이 특징이며 여러 네티즌들로부터 뜨거운 반응을 불러일으켰다.

2018~2019년 인스타그램과 페이스북에서 인기몰이를 했던 제주도의 히든클리프 호텔도 많은 광고비용을 집행하지 않고도 인플루언서 및 SNS 마케팅을 통해 성공한 케이스다. 일반적인 호텔 수영장과는 달리, 옆으로 길게 늘어뜨린 부채꼴 모양으로 가로로 길게 트여 제주도의 자연 원시림을 한눈에 담을 수 있는 '인피니티풀'은 히든클리프가 짧은 기간에 이름을 알릴 수 있었던 핵심 마케팅 포인트였다. 이 포인트의 최대 장점은 인스타그램 및 페이스북에 올릴 사진이 잘 나온다는 점이었다. 이러한 이유로 수영보다는 사진을 위해 방문하는 사람들도 생겨 났고 인플루언서 및 연예인들도 방문해 그들의 SNS에 사진을 게재했다. 이 효과로 히든클리프는 그 어느 호텔보다도 인플루언서 및 SNS를 성공적으로 활용한 마케팅 사례로 손꼽힌다(《탐나는 프리미엄 마케팅》, 최연미 저).

한국 최고의 복합리조트로 인천 영종도에 위치한 파라다이스시티는 오픈 전부터 많은 이들의 주목을 받았으며 호텔·수영장·카지노·레스토랑·컨벤션·테마파크 등을 보유한 최고의 여행지로서 각광받고 있다. 파라다이스시티는 가장 공격적으로 홍보·마케팅을 진행하는 호텔 중 하나로, 한국 최고의 인기 걸그룹 중 하나인 블랙핑크, 톱 한류스타인 김수현 등을 활용, 국내·외 마케팅을 진행했으며 이와 더불어 여러 인플루언서들을 활용, 마케팅을 진행했다. 상위 유튜버 순위를 기록하고 있는 '로즈하', '헤이즐'이 그들이다.

국제회의로는 2019년 서울시 주최의 SIBAC 개최를 위해 서울산업진흥원(SBA)이 1인 미디어산업지원(크리에이티브포스)을 통해 7팀을 섭외, 활발히 활동 중인 유튜버들의 행사 참석과 함께 행사 스케치 영상 촬영을 진행했다. 행사 중, 새롭고 다양한 방식의 촬영기법과 인터뷰 진행 등으로 행사장에 활기를 부여하고, 사후 대중에게 익숙하게 편집된 행사 스케치를 영상 업로드해, 발표 콘텐츠와 행사 내용을 쉽고 재미있게 전달, 행사 인지도와 함께 높은 홍보도달 수를 달성했다.

한국의 대표적인 게임전시회인 '플레이엑스포'도 인플루언서를 주요 홍보수단으로 사용한 케이스다. 주최사는 전시회 참가기업이 개별적으로 큰 비용을 들여 인플루언서를 활용할 수 없다는 점을 간파하고, 직접 인플루언서를 고용해 전시회 및 참가기업 제품을 홍보했다. 인플루언서를 활용함으로써 참가업체의 제품이 홍보되기에 참가업체의 만족도는 높아지고, 인플루언서의 채널을 통해 해당 제품 및 전시회에 관심을 가지는 참관객의 방문이 늘어남에 따라 성공적인 전시회가 됐던 것이다. 게임 관련 인플루언서 또한 자신의 콘텐츠 제작에 필요한 내용들과 환경이 제공되는 플레이엑스포를 최적의 장소로 인지하고, 자발적으로 참여하게 됐다.

CJ ENM에서 주최하는 KCON은 해외에서 개최하는 한류 최고의 콘서트로서 미국, 태국, 일본 등 여러 나라에서 매해 개최된다. KCON을 보러

오는 관람객은 수만 명에 이르며 KCON을 통해 여러 한류 콘텐츠도 홍보된다. KCON은 단순한 콘서트가 아닌 한류 콘텐츠 비즈니스 플랫폼으로서 전시를 동반한다. 여러 기업들은 자사의 제품 등을 KCON을 통해 홍보·마케팅하며

베트남 인플루언서

그 과정에서 CJ ENM 소속 인플루언서들의 도움을 받는다. CJ ENM도 인플루언서를 활용, KCON의 전시 및 참가기업의 제품을 홍보, 행사의 성공적 개최에 만전을 기한다.

지자체에서도 도시마케팅을 위해 인플루언서를 적극 활용하고 있다. 2018년 한국관광공사와 서울관광재단, 경기관광공사, 제주관광공사는 방한 인도시장 개척을 위해 미스 인디아 1위와 2위를 한국으로 초청, 홍보동영상을 촬영했으며 촬영지를 바탕으로 방한 관광상품을 만들었다. 2019년 경기관광공사는 금한령을 맞아 동남아시아 시장 활성화를 위해 경기도의 주요 관광지와 협업해 태국(Hi-prae, Babyjingko) 및 베트남(Oops Buron), 필리핀(Rei Germar, Raiza)의 인플루언서를 활용, 경기관광 콘텐츠를 제작·홍보했다.

인플루언서 마케팅은 여러 산업 및 기업에 있어 필수적인 요소로 자리잡고 있으며, 이를 어떻게 활용하는지에 따라 마케팅의 성패가 나뉠 수 있다. 자체 플랫폼과 콘텐츠를 보유한 인플루언서, 미래 마케팅의 황금 키가 될 것임을 의심치 않는다.

여행을 불러일으키는 힘, 콘텐츠 마케팅

본인이 좋아하는 드라마나 영화를 보고 해당 도시와 관광지를 가보고 싶어 했던 마음은 누구나 있었을 것이다. 나 또한 '반지의 제왕' 영화 상영 당시 호빗마을로 유명한 뉴질랜드 북섬 소도시 '마타마타'를 꼭 여행해 보고 싶었다. 그리고 '왕좌의 게임'을 열혈 시청 중일 때는 7왕국의 수도이자 철왕좌가 있는 킹스랜딩의 배경인 크로아티아 두브로두니크를 가보고 싶었다. 우리나라에서는 '철인왕후' 촬영지였던 남원 광한루원과 부여의 궁남지에 가족여행을 갔었고 '킹덤'의 촬영지인 문경세재도 조만간 가볼 계획이다. 드라마나 영화 촬영지가 아니더라도 영국 유학시절 축구의 도시인 맨체스터와 옥토버페스트로 유명한 독일 뮌헨을 방문했었고 향후 기회가 된다면 오로라라는 콘텐츠를 가지고 있는 아이슬란드와 스타벅스, 아마존의 탄생지인 미국 시애틀을 꼭 가보고 싶다. 우리나라에서는 서핑의 성지인 양양과 머드의 도시 보령을 다음 여행지로 계획하고 있다. 그동안 나를 포함해 많은 여행객들이 어마어마한 랜드마크나 역사유적지를 보유한 도시들, 또는 그 나라의 수도이거나 대도시들로 여행을 떠나는 사람들이 많았으나 이제는 특별한 콘텐츠가 없는 도시나 관광지는 여행객의 관심과 이목을 끌기 어려운 시대로 접어들었다.

2000년대 들어 SNS의 발달에 힘입어 콘텐츠 마케팅의 중요성은 더욱 부각되고 있다. 전에도 콘텐츠 마케팅이 존재하고 진행되고 있었지만, 최근 몇 년간 여행지들과 도시마케팅기구들이 더욱 활발히 콘텐츠 마케팅을 진행하고 있다. 콘텐츠 마케팅은 TV 광고나 지면 광고보다 훨씬 더 많은 스토리를 담을 수 있는 장점이 있으며 유튜브, 인스타그램, 페이스북 등의 온라인 플랫폼의 활성화로 누구나 손쉽고 빠르게 콘텐츠를 제작할 수 있어 수요자 또한 손쉽게 자주 콘텐츠를 접할 수 있다. 이로 인해 콘텐츠 마케팅의 영향력은 빠른 속도로 더욱 커지고 있다.

콘텐츠 스토리를 담은 제품 사례는 무수히 많다. 유명한 마스카라 브랜드인 메이블린은 사랑이야기를 담고 있다. 1915년 메이블이라는 여성은 남자친구 채트의 바람둥이 기질 때문에 골머리를 앓다가 채트의 이상형이 깊은 눈매의 여성임을 알고 오빠 토마스에게 도움을 요청한다. 토마스는 바셀린에 석탄가루를 섞어 메이블의 속눈썹에 바르게 했고 결국 메이블은 채트의 마음을 사로잡아 결혼까지 성공하게 됐다. 토마스는 여동생의 이름 메이블에 바셀린을 합성해 '메이블린'이라는 브랜드명 상표권을 등록하게 됐다.

칸, 오스카 영화 시상식, 럭셔리 파티에 항상 등장하는 샴페인 모에샹동은 나폴레옹이 전쟁에서 승리할 때마다 마셨던 술로, 그에게 두려움을 떨쳐내고, 자신감을 고취시켜주며 정신적 위로가 되어주었다고 한다. 모에샹동 임페리얼(Imperial)에 적힌 임페리얼은 나폴레옹을 뜻하는 말이라고 한다. 힘들게 다다른 승리의 달콤한 순간이 모에샹동 브랜드의 강력한 스토리가 된 것이다(《탐나는 프리미엄 마케팅》, 최연미 저).

레시피를 중심으로 한 푸드 콘텐츠 미디어 '아내의식탁'은 잘 만든 콘텐츠가 어떻게 쇼핑의 기회를 만들어내는지 보여주는 좋은 사례다. 모바일 콘텐츠 스타트업인 컬쳐히어로가 카카오스토리의 요리 레시피 콘텐츠로 시작했으며, 2016년 초 모바일 앱을 선보이며 정식 서비스를 시작했다. 아내의식탁은 카카오스토리, 네이버 밴드, 페이스북, 인스타그램 등 다양한 SNS를 통해 140만 명의 구독자를 보유한 거대 플랫폼이 되었다(《맥락을 팔아라》, 정지원, 유지은, 원충열 공저).

콘텐츠 마케팅에서 가장 중요한 것은 콘텐츠의 개발과 유통이다. 위의 스토리에서 보듯이 콘텐츠 개발에는 스토리텔링이 필요하며 잘 만들어진 콘텐츠는 그 영향력이 매우 크다. 도시브랜딩에 있어서도 콘텐츠를 접하는 고객들이 자연스럽게 도시 브랜드의 가치를 발견할 수 있도록 하는 것이 중요하다. 콘텐츠 개발에 있어서 도시가 자랑할 만한 문화유산, 기업, 유명인사와 관련된 콘텐츠를 적극 활용해야 하며 임팩트를 줄 수 있는 시각 미디어를 활용해야 할 것이다. 특히 최근에는 여행 기획자들과 대중이 관심 가질 만한 4차 산업, 킬러 콘텐츠를 제공하면 그 효과가 배가 될 것이다. 장기적인 관점에서 좋은 콘텐츠를 지속적으로 개발하고 공유해 나가면 소비자와의 신뢰도를 구축할 수 있으며 도시에 대한 긍정적 이미지를 심어줄 수 있다.

콘텐츠의 유통에 있어서는 공식 홈페이지, 공식 SNS, 포털 사이트의 검색 최적화를 활용하는 것은 물론이고, 업계 또는 관련 산업의 인플루언서를 활용하는 것도 효과적인 방법이다. 특히 인플루언서 마케팅은 최근 웬만한 연예인 못지않게, 또는 그보다 더 높은 홍보효과를 가지고 있다. 이들은 본인이 하나의 미디어가 되기도 하며 이들 중 일부는 브랜드가 모셔가야 하는 신뢰도가 높은 전문가가 된 사람도 있다. 또한 여행전문잡지뿐만 아니라 항공사 기내지, 비즈니스 잡지를 활용하는 방법도 있다.

효과적인 스토리텔링으로 도시 홍보효과를 극대화한 도시들은 많다.

핀란드 로바니에미는 공식 산타마을이 있는 도시로 매년 50만 명 가까운 여행객이 이곳을 들르고 있다. 로바니에미는 산타 할아버지의 집무실과 공식 우체국이 있어 산타클로스를 만나거나 연중 편지로 소통할 수도 있다. 로바니에미에는 순록 형상을 한 상징물이 여기저기 있으며 여러 레스토랑에서 순록요리를 판매하고 있다. 세계 각국의 도시들이 산타클로스 원조 경쟁을 하고 있지만, 로바니에미는 산타마을을 품은 도시로 확고히 포지셔닝하고 있고, 이로 인한 관광매출도 연간 2억 달러가 넘는다고 하니, 인구 6만 명 남짓한 도시로서 산타마을은 너무나 고마운 콘텐츠일 것이다.

인구 약 7만 5,000명의 프랑스의 작은 휴양도시 칸은 그 어느 도시보다 풍부한 문화콘텐츠를 자랑한다. 이곳에는 매년 5월 칸 국제영화제가 열리며 6월에는 칸 국제광고 페스티벌도 개최된다. 또한 세계 3대 음악 산업 전시회로 꼽히는 미뎀(Midem)도 매년 개최된다. 국제영화제와 미뎀이 개최될 때면 전 세계에서 유명 인사와 영화배우, 산업 관계자들이 몰려오며 칸은 전 세계의 스포트라이트를 받는다. 영화제, 광고제, 음악 산업 전시 등의 문화콘텐츠는 칸의 자산이자 칸을 세계적인 문화예술산업 도시의 반열에 올려놓았다.

우리나라의 여러 도시도 훌륭한 콘텐츠를 자랑하고 있다.

대한민국 전라북도의 임실군은 인구 3만 명의 작은 군이지만 '임실치즈'라는 지역브랜드와 한국 치즈의 원조란 명성을 가지고 있다. 임실치즈는 1931년 벨기에에서 태어난 디디에 세스테벤스 신부가 1964년 임실에 정착하면서 자신의 인생을 쏟아부으며 만들어낸 치즈라는 감동 스토리를 바탕으

양양(사진 출처_ 한국관광공사)

로 지역브랜드로 자리매김되었다. 임실군은 2010년까지 모두 672억 원을 투자해 치즈체험 테마파크 조성과 치즈밸리 육성을 통해 임실을 한국 치즈의 메카로 만들었고, 지금은 치즈체험의 메인 관광지로 해마다 많은 방문객들이 찾아오고 있다.

이제 우리나라의 확고부동한 서핑 성지가 된 강원도 양양은 서핑이라는 콘텐츠로 어촌마을을 리브랜딩한 사례다. 주로 도시의 브랜드가 문화자원에 기반을 두는데 비하여 양양은 새로운 트렌드를 활용하여 도시콘텐츠를 구축한 사례다. 양양해변은 수심이 얕고 파도가 높으며 초급자들이 타기 좋은 50cm부터 선수들이 타기 좋은 높은 파도가 치기 때문에 다양한 서퍼들이 찾는다. 양양 서핑의 특색은 여름뿐만이 아닌 겨울에도 서퍼들이 즐겨 찾는 곳이며 이를 기반으로 서핑숍도 빠르게 늘어나고 있다. 더 나아가 양양은 서핑뿐만 아니라 드라마 제작, 페스티벌 등 다양한 관련 산업을 육성하는 등

서핑 해양레저 특화지구를 육성한다는 계획을 수립하고 있다(《중소도시 브랜딩 전략》, 오익근 저).

 UNESCO 세계문화유산인 수원화성과 정조가 머물렀던 화성행궁이 위치한 수원은 사도세자, 혜경궁 홍씨, 정조의 역사 이야기로 유명하다. 수원화성 건설은 당파 싸움에 희생되어 뒤주에 갇혀 세상을 떠난 사도세자와 어머니 혜경궁 홍씨에 대한 정조의 효성에서 시작되었다. 정조가 아버지 사도세자의 무덤을 옮기기 위해 수원화성 건설이 시작되었지만, 다른 한편으론 조정에서 막강한 권력을 갖고 있던 노론파를 견제하고 왕권을 확립하기 위한 목표도 있었다. 무엇보다 백성들을 보다 편리하고 풍요롭게 살게 하려는 목적으로 우리나라 첫 계획도시인 수원화성이 세워진 것이다. 수원화성은 자연환경을 활용하여 지은 동서양의 성곽도시를 결합시킨 형태로 우리나라 성곽 건축 사상 가장 독보적인 건축물로 1997년 그 우수성을 인정받아 UNESCO 세계문화유산으로 등재됐다. 수원화성과 함께 수원을 대표하는 랜드마크로 화성행궁이 있는데, 화성행궁은 정조가 어머니 혜경궁 홍씨의 회갑잔치를 베풀었던 곳이자, 정조가 업무를 보고, 조선시대 과거 시험을 치렀던 공간이다. 이렇듯 수원화성과 화성행궁은 조선시대 세종대왕과 함께 최고의 성군으로 꼽히는 정조의 효성과 개혁정신이 담긴 건축물로, 수원이 왕의 도시로 일컬어지는 이유다. 또한 최근에는 '이상한 변호사 우영우'에서 나온 우영우 김밥 집으로 애청자들을 수원으로 불러 모으고 있으며 2019년 최대 히트 영화인 '극한직업'에 나온 왕갈비 통닭은 아직까지 회자가 돼 관광객들의 이목을 끌고 있다.

우리나라에는 이외에도 여러 도시들이 각각의 스토리와 오랜 역사를 가지고 있으며, 이를 적극적으로 활용하여 마케팅을 진행하고 있다. 서울, 부산, 제주뿐만 아니라 다른 여러 도시들도 전 세계적으로 인지도를 쌓고 있는 현재, 더욱 풍성한 콘텐츠 마케팅으로 우리나라의 인지도를 한층 더 제고했으면 한다.

디지털 황금, 빅데이터

4차 산업혁명을 맞아 가장 많이 언급되는 단어 중 하나가 아마 '빅데이터'일 것이다. 내가 업무를 하면서 또는 여러 기사와 자료에서 빅데이터라는 단어를 비교적 자주 접하기 시작한 것은 2014~~2015년 경이었고 그 당시만 해도 추상적으로 빅데이터란 많은 양의 정보를 일컫는 용어로 이해했다. 2020년도부터는 빅데이터란 단어가 너무나 흔하게 여기저기서 보이기 시작했고, 이제는 빅데이터에 대한 제대로 된 이해가 없으면 안 되겠다 싶어, 나름 빅데이터와 관련된 책도 보고 여기저기 자료를 찾아가면서 공부도 했다.

빅데이터란 디지털 환경에서 생성되는 데이터로 그 규모가 방대하고, 생성 주기도 짧고, 형태도 수치 데이터뿐 아니라 문자와 영상 데이터를 포함하는 대규모 데이터를 말한다. 하지만 맥킨지(Mckinsey)는 빅데이터의 정확한 정의는 주관적이며 앞으로도 계속 변화될 것이라고 한다. 기존에는 빅데이터가 방대한 양의 정형 및 비정형 데이터들을 의미했다면 지금의 빅데이터는 데이터를 수집, 저장, 처리할 뿐 아니라 분석 및 활용, 추론, 추천의 기능까지 포함한다. 뒤에 제시되는 모든 예시와 자료들은 과거와 현재의 빅데이터 정의를 모두 포함하는 개념으로 언급하겠다.

빅데이터는 신제품 개발, 마케팅과 운영 최적화, 위기관리, 미래 예측 등에 폭넓게 사용되며, 앞으로 빅데이터를 어떻게 효율적으로 의미 있게 활용하느냐가 사업의 승패를 가름한다.

빅데이터의 힘을 가장 잘 활용한 기업 중 하나로 넷플릭스를 꼽을 수 있다. 빠르게 성장하던 넷플릭스는 코로나19 이후 그 성장속도와 가입자 수가 훨씬 더 빨라졌다. 사람들이 외출을 자제하면서 집에서 보내는 시간이 더 많아졌기 때문이다.

넷플릭스는 개인이 회원으로 가입함과 동시에 선호하는 콘텐츠를 물어보고 개인이 지속적으로 시청하는 콘텐츠를 기반으로 개인이 좋아하는 장르의 영화 혹은 드라마를 추천해 준다. 넷플릭스는 유저들의 데이터를 수집하고 모니터링하고 분석하며, 데이터를 기반으로 유저에게 딱 맞는 콘텐츠를 자동으로 추천해 주는 알고리즘으로 운영된다. 이전의 채널들은 닐슨 시청률을 바탕으로 수치화하고 분석했으나, 넷플릭스는 개별 시청자들의 집중도, 선호도, 취향을 측정해 관리하고 있다. 넷플릭스의 알고리즘은 개인화된 랭킹, 트렌드 랭킹, 지속적 시청 랭킹, 유사 장르의 묶음, 중복 페이지 배제 등을 사용해 유저에게 프로그램을 추천한다. 이 모든 것이 가능한 이유는 방대한 양의 데이터베이스를 보유하고 있기 때문이다. 실제 넷플릭스 유저들의 80% 이상은 알고리즘의 추천을 받아 선택을 하고, 20%만이 검색을 해서 콘텐츠를 소비한다고 한다.

2020년에 가장 핫한 아이템 중 하나는 PLCC(Private Label Credit Card)였다. PLCC는 카드사가 특정 기업과 독점 계약을 맺고 카드를 출시하는 것으로, 배민 현대카드, 스타벅스 현대카드, 대한항공 현대카드 등이 빅히트를 쳤다. PLCC는 기업 입장에서 충성고객을 늘릴 수 있는 이점이 있으며 카드사 입장에서도 마켓 파워가 강한 브랜드 고객을 유인할 수 있는 채널로 활용할 수 있다는 장점이 있다. 무엇보다 PLCC는 각 고객의 소비 성향과 취향 등 데이터 확보에 유리하다. 배달, 항공사, 쇼핑 등 특정 분야에 집중된 고객 데이터를 확보한 후에 고객 맞춤형 서비스, 선별적 마케팅을 제공할 수 있으며, 장기적으로 다양한 상품 개발에도 긍정적 영향을 미친다. 현대카드는 PLCC 각 브랜드에 로열티가 높은 고객의 취향과 라이프 스타일을 분석해 상품을 설계하고 파트너사에 제공하는 빅데이터 기반 활동을 PLCC 회원 수 증가의 원인으로 분석하고 있다.

2020년 우리나라에서 가장 빠르게 성장한 또 다른 기업은 단연 배달의민족이다. 배달의민족은 1인 가구의 증가, 코로나19로 폭발적으로 성장하는 배달앱 시장에서 독보적인 1위이며 2022년 1월 월간 사용자 수는 2000만 명을 넘었다고 한다. 배달의민족은 이에 만족하지 않고 베트남 시장에도 진출해 인지도를 쌓고 있으며, 일본시장에도 재진출했다. 배달의민족의 잠재 성장 가능성이 무궁무진한 이유는 지난 12년간 쌓은 빅데이터와 노하우에 있다. 지난 11년간 배달의민족은 매출정보에 기반한 업종, 위치, 고객의 주문 패턴 등을 데이터베이스화했으며 이를 바탕으로 다양한 마케팅 기법을 시도하고 있다. 월평균 이용 건수, 연간 이용 식당 수, 1인분 주문 비율, 비 오는 날 파전 주문 등의 데이터 기반 분석을 통해 고객의 취향부터 주문 트렌드까지 분석할 수 있다. 배달의민족 마케팅이 참신하고 혁신적이며 성공적인 이유는 빅데이터를 통한 검증에 기반하고 있기 때문이다.

여행업계도 4차 산업혁명에 발맞춰 빅데이터 활용에 박차를 가하고 있다.

여행 서비스에서 빅데이터를 가장 잘 활용한 회사는 트리플이다. 트리플은 여행플랫폼으로 MZ세대를 중심으로 빠르게 확산, 4년 만에 600만 명의 가입자를 만들어냈다. 트리플은 전 세계 200여 개 도시 110만 개 장소에 대한 여행정보를 실시간 제공하며, 다른 여행객이 남긴 수백만 개의 일정도 활용할 수 있다. 트리플은 그동안 항공 빅데이터, 호텔 빅데이터, 맛집 빅데이터 등 쪼개져 있었던 여행 관련 빅데이터를 하나로 모아 추천을 통해 쉽게 여행 계획을 완성할 수 있게 도와준다. 블로그는 컴퓨터 언어가 아니기 때문에 통계 데이터로 활용되지 못하지만, 트리플은 여행의 전 과정을 데이터화할 수 있는 판을 만들었다. 특히 코로나19로 위기감이 커진 2020년에는 빅데이터를 활용한 경로상 추천 서비스의 국내 버전을 만들어 위기를 극복했다.

제주도는 관광 빅데이터를 활용 '슬로우로드(Slow Road) 내비게이션' 서비스를 개발했다. 여행객이 목적지까지 가는 여러 경로 중 자연경관이 좋은 숨은 관광지를 알려주는 길 안내 서비스로 길을 검색하면 이동 경로상에 있는 인접 관광지를 경유지로 추천해 주는 프로그램이다. 이 서비스는 이동거리와 도로 상황을 반영해 최단·최적 경로를 알려주는 내비게이션 기능에 관광·마케팅 개념을 접목해 만든 것으로 실시간 빅데이터의 힘을 백분 활용했다(《트래블 이노베이션》, 한국경제신문).

2016년 개최된 대한민국 최대 규모의 국제회의였던 '국제로타리 세계대회'도 카드 소비 빅데이터를 활용했다. 경기도는 세계대회의 정확한 경제파급효과 분석을 위해 카드사와 협력해 프로젝트를 진행했다. 총 4만 5,551명이 참가한 국제로타리 세계대회는 해외에서만 2만 1,646명이 참가했으며 고양시, 경기도를 넘어 대한민국 전체에 큰 소비 효과를 남겼다. 이 프로젝트는 내/외국인의 카드 소비 빅데이터를 이용해 대회의 전체 소비 규모를 계량적으로 도출하고, 방문객의 특성을 분석해 행사 유치에 따른 효과성을 검증할 자료로 활용됐다.

제주컨벤션뷰로의 경우 인센티브 참가자 대상 빅데이터 분석을 통해 국적별, 연령별 선호 Venue, 이동경로, 선호관광지, 행사형태를 분석했으며, 이를 바탕으로 타깃 마케팅이 가능해졌다. 기존에 유명관광지를 중심으로 제작하던 홍보물 및 제안서를 빅데이터를 활용 구체적이고 타깃팅화된 제안서를 제작할 수 있었으며, 중·장기적 마케팅 전략수립에 활용할 수 있었다.

데이터의 중요성과 디지털 관광산업 생태계 조성의 필요성이 커지자, 한국관광공사는 2021년 2월 관광통계와 관광 실태 조사 등 공공 데이터에 이동통신, 신용카드, 내비게이션 등 민간데이터를 더해 'Data Lab'을 구축했다. Data Lab은 한국 관광산업의 빠르고 내실 있는 디지털 전환을 위해 만들어진 서비스로 전국 시·군·구 단위 지역 관광데이터와 국가별 방한 여행과 시장 동향 등 외래관광객 데이터도 포함하고 있는 수퍼 플랫폼이다. 무엇보다 단순히 데이터 및 통계 제공만이 아닌 데이터 분석결과까지 제공해 한국의 디지털 관광 인프라 경쟁력을 자랑하고 있다.

그동안 목표를 달성하기 위해 '감'과 '과거의 경험'에 주로 의존했던 부분을 이제는 데이터를 활용해 최적화하고 있다. 빅데이터는 한정된 자원으로 최상의 결과를 도출하는 최적화에 유용하며, 경험을 수치화하고 합리적인 대안을 제시한다.

하지만 빅데이터 활용에 대해 유의할 점도 분명 있다. 방대한 양의 데이터가 쌓이는 빅데이터에서 의미 있는 신호를 찾아내는 것은 기술적으로 매우 어려우며 데이터의 정확도에 대해서도 신중해야 한다. 빅데이터는 본질적으로 사업을 목적으로 발생하지 않았기 때문에 특정 데이터가 유의미한 가치를 지니는지에 대해 분석가의 판단이 필요하다. 또한 빅데이터를 활용한 전략 수립, 의사결정에 있어 알고리즘 시스템 설계가 중요하다. 잘못 설계된 알고리즘 시스템과 잘못 수집된 데이터는 편향적인 결과 또는 고객에게 가치 전달을 제공할 수 없는 결과를 가져오기 때문이다.

고도의 감성마케팅, 캐릭터

꿈돌이

카카오톡 메신저에 '꿈돌이' 이모티콘이 여기저기서 많이 보인다. 그동안 잊혔던, 하지만 나와 내 또래 세대들에게는 친숙한 꿈돌이가 여러 미디어 매체에 등장하고 있으며 꿈돌이의 고향인 대전에서는 오프라인에서도 종종 등장하고 있다. 나의 초등학교 시절, 1993년 여름부터 가을까지 93일간 전 세계 이목을 집중시킨 대전엑스포 마스코트 '꿈돌이'가 돌아온 것이다. 꿈돌이는 카카오TV 서바이벌 예능 프로그램 '내 꿈은 라이언'에서 사람들의 기억 속에서 멀어진 마스코트들이 도전을 펼치는 마스코트 예술종합학교를 수석 졸업해 이모티콘 출시 특전을 받았다. 대전은 이번 특전을 계기로 꿈돌이 상품(굿즈)도 출시하는 동시에 대전의 마케팅 자원으로 활용하고 있다. 1993년 우리나라 최초 엑스포인 대전엑스포에는 33개의 국제기구 등 해외에서 약 60개국이 참가했으며 관람자 수는 약 1,400만 명에 이르렀다. 대전은 엑스포를 계기로 과학기술진흥을 빠르게 이뤄 '과학도시'로서 자리매김했다. 그 당시 수많은 학생들이 엑스포를 방문했을 정도로 대전엑스포는 국가적인 행사였고, 그렇기에 어른이 된 지금도 꿈돌이를 모르는 사람은 거의 없을 것이다. 이러한 인지도와 탄탄한 서사를 바탕으로 꿈돌이가 마스코트 예술종합학교를 수석 졸업하지 않았을까 한다. 꿈돌이의 우승에 힘입어 대전관광공사는 온라인 및 오프라인 마케팅에 꿈돌이 캐릭터를 적극 활용하고 있다.

전 세계적으로 캐릭터를 활용한 도시마케팅 사례는 무수히 많다. 대표적인 예가 일본의 쿠마몬과 독일의 버디베어다. 일본 구마모토현의 쿠마몬은 일본뿐만 아니라 동아시아에서 널리 알려진 캐릭터로 곰과 구마모토현의 대표적 관광지인 구마모토성을 모티브로 만들어졌다. 쿠마몬은 2011년 큐슈신칸센 전 노선 개통을 앞두고 구마모토현의 관광객 이탈을 우려한 '구마모토 서프라이즈' 캠페인의 일환으로 만들어졌다. 쿠마몬은 구마모토현의 여러 상품과 특산품에 활용될 뿐만 아니라 SNS 상에서도 널리 활용되고 있는 구마모토현을 상징하는 아이콘이다. 버디베어는 독일의 수도 베를린을 대표하는 캐릭터로 베를린의 상징인 곰을 형상화했다. 버디베어는 베를린 도시 곳곳에 서로 다른 모습의 다양한 조형물로 설치돼 있으며 온라인상에서도 적극 활용되고 있다(《뉴노멀 시대의 장소브랜딩》, 이광호 저).

여러 도시가 캐릭터를 활용하는 이유는 다양하다. 우선 캐릭터는 시민들과 방문객들에게 친근하게 다가갈 수 있는 장점이 있다. 친근한 이미지 형성을 통해 지역의 도시브랜딩 및 도시마케팅에 기여할 수 있고 시민과 지자체 간의 소통 창구로도 활용될 수 있다. 또한 캐릭터를 활용한 다양한 상품개발을 통해 지역 경제 활성화에 기여할 수도 있다.

환경도시로 인지도를 높이고 있는 수원도 최초 발견된 우리나라 고유의 종인 수원청개구리를 수원시 마스코트로 활용해 도시브랜드 가치를 향상시키고 있다. '수원이'는 생태계의 대표적 멸종 위기종으로 분류되는 수원청개구리의 보존 여론을 확산시켜 국제적 생태 도시로서의 위상 강화에 기여할 뿐만 아니라 시민들에게 친근한 캐릭터로 다가가고 있다.

전북 진안군의 특산물인 홍삼을 홍보하는 캐릭터 '빠망'과 부천시 소셜미디어 전용 이모티콘 '부천핸썹', 그리고 청도군의 소를 형상한 캐릭터 '바우'도 카카오TV 디지털 예능 '내 꿈은 라이언'에 출연해 인지도를 높였다. 빠망은 빨간 망아지의 줄임말로 홍삼의 빨간색과 마이산의 망아지를 합성시킨 이름이다. 빠망은 진안과 진안홍삼 알림이로 활약하는 한편 유튜브 채널에도 등장하고 있다. 부천핸썹은 부천시 소셜미디어 전용 이모티콘으로 탄생했다. 힙합 공연에서 대중의 호응을 유도하기 위해 손을 들고 외치는 'Put your hands up'과 발음이 비슷한 데에서 아이디어를 얻어 손동작을 캐릭터화했다. 자유롭고 활동적인 젊은 세대들의 트렌드를 반영해 영화, 만화, 비보이 등 다채로운 문화축제가 열리는 부천시의 역동적인 이미지를 표현했다. 부천핸썹은 현재 부천시가 운영하는 유튜브와 페이스북 등 뉴미디어 콘텐츠에 등장해 시정을 알리고 여러 캠페인에 참여하고 있다. 싸움소를 형상화한 경북 청도군 캐릭터 바우는 생동감 있는 캐릭터로 불의를 보면 못 참고 친구가 많은 생명력 넘치는 캐릭터이다. 바우는 청도군 문화관광 SNS 상에서 지역 맛집과 관광지를 소개하는 홍보활동을 펼치고, 바우를 활용한 파우치, 쿠션 등 다양한 기념품도 제작해 판매하고 있다.

'내 꿈은 라이언'에 출연한 캐릭터 이외에도 많은 사람들이 좋아하고 널리 알려진 캐릭터가 바로 2018 평창동계올림픽 공식 마스코트인 '수호랑과 반다비', 그리고 고양시의 '고양고양이'다. 강원도는 올림픽이 끝난 후 수호랑과 반다비를 상징물로 지정해 다방면에서 활용할 계획이었다. 하지만 IOC 측은 마스코트를 지역 상징물로 사용한 전례가 없어 사용계획을 허가하지 않았다. 이에 강원도는 묘수를 내어 수호랑과 반다비의 아기 한 쌍인 '범이와 곰이'를 만들었다. 즉 캐릭터에 새 세계관을 부여한 것이다. 강원도는 범이와 곰이를 활용해 굿즈도 제작하고 다양한 마케팅 활동을 펼치고 있으며 상품화 작업도 하고 있다.

고양고양이는 고양시가 시정 정보와 홍보를 목적으로 만든 캐릭터다. 고양시의 경우 지역 내 일산 신도시의 지명도가 지자체 명인 고양시보다 높다는 고민을 바탕으로 고양시의 인지도 제고 목표와 함께 만든 캐릭터다. 고양고양이는 아이돌 그룹 '여자친구'의 〈시간을 달려서〉 뮤직비디오를 패러디한 〈고양을 달려서〉, 드라마 〈미생〉을 패러디한 〈묘생〉 등 유명 작품을 패러디했다. 이러한 영상들은 시민들의 관심을 끌었고 이슈 재생산 효과를 창출해 고양고양이의 인지도 상승에 크게 기여했다. SNS 상 다양한 캐릭터 마케팅, 다수의 행사장에서의 캐릭터 인형탈 활동 등도 고양고양이와 고양시에 대한 브랜드 이미지 향상에 긍정적인 영향을 미쳤다《뉴노멀 시대의 장소브랜딩》, 이광호 저).

국내뿐만 아니라 해외에서도 인기 있는 캐릭터가 있으니, 바로 경기도의 '쥬바오'와 '한바오'이다. 쥬바오와 한바오는 돼지와 판다를 모티브로 한 캐릭터로 경기도와 경기관광공사는 이들 캐릭터를 활용, 경기관광 홍보 웹툰을 만들었다. 2020년 이 웹툰은 제작 한 달 만에 조회 수 2,150만 회 이상을 기록했으며 전국 지자체 최초로 중국 인기 웹툰 플랫폼인 '콰이칸'에 게재됐다. 이 웹툰은 수원화성, 원마운트, 현대모터스튜디오, 웨이브파크, 임진각 평화누리, 허브아일랜드, 의왕레일바이크, 광명동굴, 쁘띠프랑스, 두물머리 등 경기도 대표 관광지를 수록했으며 코로나19를 맞아 비대면 방식의 마케팅 일환으로 준비됐다. 웹툰의 성공 이유로는 중국인들이 선호하는 돼지와 판다를 모티브로 캐릭터를 만든 점과 중국 현지 20~30대 여성 맞춤형으로 실제 여행방식의 관광 정보를 제공한 데 있다.

마룽이 / 고양고양이 / 부천핸썹 / 수원이

　캐릭터를 사용하는 이유로는 캐릭터가 도시의 정체성을 표현하고 도시와 시민 사이의 커뮤니케이션이 감성적으로 이뤄질 수 있도록 도와주는 기능이 있기 때문이다. 또한 캐릭터를 사용하면 도시민의 일체감이나 자긍심을 높여 애향심을 유발하는 계기를 마련하는 장점이 있다. 더 나아가 해당 도시의 관광 자원과 문화적 특성, 특산물을 상품화하는 과정에서 부가가치를 높이는 기능도 있다(《도시와 캐릭터》, 류유희 저).

　캐릭터를 활용한 마케팅 진행시 스토리텔링은 필수적인 요소다. 스토리텔링은 캐릭터에 감성적 가치를 제공할 수 있으며 캐릭터에 활력과 생동감을 불어 넣을 수 있다. 이미지로 이뤄진 캐릭터를 도시에 걸맞은 존재로 승화시켜 주는 것이 스토리가 가진 능력이다.

　공주시의 경우, 지역 설화인 고마곰 설화와 무령왕의 유물, 공산성 등 지역 문화유산을 재해석해 '고마곰과 공주'라는 캐릭터를 만들어냈다. 밤(栗)의 특산지인 공주는 매년 겨울공주 군밤축제를 개최하는데 고마곰과 공주 캐릭터가 축제 곳곳에 등장해 축제 홍보를 하고 방문객들과 함께 호흡하고 소통하는 동시에 다양한 캐릭터 상품을 판매하는 매개가 됐다. 익산시 캐릭터 마룡은 백제 무왕 서동이 용의 아들로 태어났다는 서동설화에서 착안해 만들어졌다. 마룡은 유튜브와 SNS, 관광기념품 등에 널리 활용되고 있으며 익산시의 관광브랜딩에 일조하고 있다. 드라마 '별에서 온 그대'로 전 세계적으로 유명해진 치맥의 힘에 힘입어 대구는 2013년부터 대구치맥축제를 개최하고 있다. 이 축제는 초기 치킨 프랜차이즈 사업이 대구에서 시작됐다는 고증을 바탕으로 마련됐으며, 대구치맥축제를 상징하는 캐릭터로 '치킹'과 '치야'가 만들어졌다(《도시와 캐릭터》, 류유희 저).

캐릭터를 활용하는 분야는 비단 도시 차원에서뿐만 아니라 여러 산업에서도 다양하다.

한국의 양대 테마파크인 롯데월드와 에버랜드도 오래전부터 캐릭터를 가지고 있었다. 롯데월드는 너구리 형상에 턱시도 복장을 하고 있는 '로티(Lotty)'를 개발, 롯데월드라는 공간이 꿈과 환상의 세계임을 본격적으로 어필했다. 에버랜드 또한 아기사자를 모티브로 만든 대표캐릭터 '레니'와 '라라'를 활용해 적극 홍보를 진행했다. 가장 성공적인 캐릭터로 평가받는 배달의민족 '배달이'는 브랜드 이미지를 대중에게 효과적으로 각인했다는 평가를 받고 있다. '버거왕' 영상광고는 유튜브 조회 수가 2,000만을 넘어섰고 고객들은 배달이 캐릭터만으로도 배민 브랜드를 인지할 수 있게 됐다.

금융권에서도 '캐릭터 마케팅'은 2015~2018년도에 특히 화두가 됐다. NH농협은행은 2016년 8월 모바일 플랫폼 '올원뱅크'를 출시하면서 아기공룡을 모티브로 한 '올리'와 어미새를 모티브로 한 '원이'라는 캐릭터를 내놨다.

NH농협은행은 올리와 원이를 광고 등에 적극 활용했으며 2020년에는 게임 콘텐츠 '올리 키우기'를 출시했고 웹툰 공모전도 개최했다. '올리 키우기'는 올원뱅크에서 출석체크, 송금, 상품가입 등의 콘텐츠를 이용하면 적립되는 '올원캔디'를 사용해 올리와 원이를 성장시키는 게임형 콘텐츠다. IBK기업은행은 2014년 희망 로봇 '기은센'을 만들었다. 기업은행을 줄여 '기은'이란 말에 '기운이 세다'란 의미를 더해 이름 지어진 이 로봇 캐릭터는 광고마케팅과 사은품 등에 적극 사용되고 있다.

유통가에 있어서도 캐릭터 마케팅 경쟁이 뜨겁다. 신세계그룹이 정용인 부회장의 부캐인 '제이릴라'를 선보였고, 신세계푸드와 이마트, 신세계그룹 통합 쇼핑몰 SSG닷컴은 제이릴라를 활용해 공격적인 마케팅을 진행하고 있다. 한국의 대표 편의점인 CU도 2016년부터 통합 PB 브랜드 캐릭터 '헤이루 프렌즈'를 활용해 공격적인 마케팅을 진행하고 있다.

이미지와 동영상 중심의 커뮤니케이션이 일상화되면서 캐릭터 활용은 도시브랜딩의 필수적인 요소가 됐다. 도시캐릭터는 지역의 문화·사회적 특성 또는 역사, 자연환경적 특성을 담고 있고, 도시민들과 소통하고 도시민들을 커뮤니케이션에 참여시키며 이를 통해 사회적 공공성을 완성시킨다. 도시 캐릭터는 도시의 상징으로 도시 정체성 확립에 기여하고 도시의 이야기를 전달하며 축제에 참여하고 웹툰과 SNS에 등장한다. 캐릭터는 시민들이 도시와 커뮤니케이션할 수 있는 최적의 통로이자 도시의 가치를 이해할 수 있는 자산으로 활용될 수 있다.

도시들 간의 무한 경쟁 시대를 맞아, 캐릭터의 가치와 효용을 이해하고 활용함으로써 도시브랜드의 가치를 높여보는 고민이 필요한 시점이다.

Super 플랫폼 vs One & Only 콘텐츠

전 세계적인 코로나19 장기화로 인해 나는 사람들과 만나는 빈도와 시간이 줄어들게 됐고, 자연히 집에서 보내는 시간이 많아졌다. 한정된 공간에서 운동을 하기에도 한계가 있었고, 독서와 자기계발도 2~3개월만 열정적으로 했을 뿐, 이내 TV와 모바일 시청시간이 대부분을 차지했다. 흥미롭고 새로운 콘텐츠를 찾아 나는 넷플릭스의 세계에 빠져들었고 '슬기로운 의사생활', '이태원 클라스', '솔로지옥' 등 정주행을 시작했다. 나와 같이 코로나19 시국에 넷플릭스에 빠져든 지인이 많았으며, 동기간 가장 급성장한 기업 중 하나가 바로 넷플릭스였다. 넷플릭스는 2022년 2월 기준 유료가입자 수가 2억 2,200만 명을 넘어섰고 지금도 계속 성장 중이다. 넷플릭스는 OTT 시장을 사전에 선점하면서 다른 추격자들이 쫓아오기 어렵게 만들었고 거대 자본을 바탕으로 고퀄리티 오리지널 콘텐츠 제작과 구독경제의 강점을 활용해 OTT 시장에서 가장 막강한 플랫폼으로 자리잡았다. 더욱 희망적인 것은 OTT 시장이 전 세계적으로 지속 성장한다는 점이다.

하지만 넷플릭스의 OTT 플랫폼에 강력한 경쟁사들이 등장했다. 바로 디즈니플러스와 아마존프라임비디오이다. 디즈니플러스의 경쟁력은 그동안의 역사가 쌓은 압도적인 콘텐츠에 있다. 디즈니는 마블과 스타워즈, 픽사는 물론 내셔널지오그래픽으로 무장하고 있다. 또한 겨울왕국과 토이스토리 등이 어린이들에게 가지는 영향력은 상상초월이다. OTT 시장의 플랫폼으로서는 넷플릭스에 다소 밀리지만, 기본적으로 가지고 있는 자체 콘텐츠가 풍부하고 우리나라에서 역대 외국영화 박스 오피스 순위 20위 안에 디즈니 영화가 무려 9편이 있다. 디즈니 플러스는 1년 만에 구독자 수가 8,700만 명을 넘어섰고 2022년 2월 1억 2,980만 명의 구독자를 보유하고 있어 넷플릭스에 있어 가장 위협적인 경쟁사다.

넷플릭스를 위협하는 또 다른 OTT 플랫폼은 아마존프라임비디오다. 아마존은 미국 이커머스 시장을 석권한데 이어 OTT 시장도 넘보고 있다. 아마존은 2022년 구독자 수 1억 8000만 명 이상으로 넷플릭스를 바짝 뒤쫓고 있다. 아마존은 2010년 아마존 스튜디오를 세워 자체 드라마를 제작하는 등 오리지널 콘텐츠 강화에 힘쓰고 있으며 미디어 산업에 꾸준히 발을 넓혀 왔다. 그럼에도 총 콘텐츠 제공 물량에서는 넷플릭스에 밀린다. 이를 위해 아마존은 MGM을 인수하기 위해 다년간 노력했고 2022년 드디어 인수에 성공했다. MGM은 4,000여 편의 영화를 보유한 전통의 할리우드 영화사다. 007 시리즈, 터미네이터, 로보캅, 록키, 벤허, 오즈의마법사 등 세계적으로 흥행한 작품의 판권을 가지고 있다. 또한 바이킹스, 파고, 핸드메이드 테일 등 1만 7,000여 편의 TV드라마도 제작·배급했다.

위의 사례에서 볼 수 있듯이 OTT 시장을 장악하기 위해서는 훌륭한 플랫폼이 전제돼야 하지만, 이에 못지않게 콘텐츠도 중요하다. 넷플릭스가 디즈니플러스와 아마존프라임비디오의 콘텐츠에 고전하며 오리지널 콘텐츠에 천문학적 투자를 진행하듯 OTT 시장의 핵심 경쟁력은 결국 질 좋은 콘텐츠이기 때문이다.

비단 OTT 시장뿐만 아니라 다양한 산업분야에서 시장 석권을 위한 플랫폼간 경쟁이 가속화되고 있다. 우리나라 이커머스 시장에서는 네이버, 쿠팡, 이베이코리아의 3강에 미국 이커머스 최강자 아마존과 협업을 시작한 SK그룹의 11번가가 합류하며 이커머스 시장의 플랫폼 경쟁도 치열해지고 있다. 여행 및 MICE 시장도 예외는 아니다. 더욱 높은 시장 점유율을 위해 생존을 건 플랫폼간 사투가 벌어지고 있다.

전통의 여행시장은 OTA의 등장으로 플랫폼 경쟁으로 들어섰고, FIT 고객과 소규모 패키지여행이 증가하면서 OTA의 영향력이 더 강해졌다. 글로벌 OTA 시장은 그동안 부킹 홀딩스 계열(아고다, 부킹닷컴, 프라이스라인, 카약)과 익스피디아 계열(호텔스닷컴, 익스피디아, 트리바고)로 양분돼 있다. 우리나라도 아고다, 익스피디아, 호텔스닷컴 등이 시장을 선점했었으나 야놀자, 여기어때의 등장으로 국내 토종 OTA의 득세가 눈에 띄게 이뤄졌다. 게다가 2021년 소프트뱅크의 야놀자 2조 원 투자로 야놀자는 글로벌 OTA들과 경쟁할 수 있을 정도로 빠르게 성장하고 있다.

국내 타 여행 플랫폼과 전통 여행사도 경쟁력 강화를 위해 발 빠르게 움직이고 있다. 여기어때는 아웃바운드로 사업 분야를 확장하고 있으며 마이리얼트립, 트립비토즈 등은 여행의 모든 서비스를 원스톱으로 제공할 수 있는 '수퍼앱'에 도전하고 있다. 전통 여행사 노랑풍선은 항공·호텔·투어·액티비티·렌터카 등 개별 예약서비스를 비롯해 항공+호텔, 여행플래너, 쇼핑, 여행편의, 장바구니 서비스를 갖춘 자유여행 플랫폼을 출시했다. 가장 빠른 성장세를 보여주고 있는 야놀자도 임직원 1,500명 중 40%가 R&D 직군으로, 여행시장에서 최강의 플랫폼으로 자리잡기 위해 플랫폼의 경쟁력을 강화하고 있다.

하지만 이들 여행 플랫폼이 콘텐츠를 소홀히 하고 있지는 않다. 노랑풍선은 콘텐츠 사업 다각화를 위해 WishBeen을 인수했다. 위시빈은 여행 준비 과정, 일정, 여행기 등의 콘텐츠를 생산한 사용자에게 수익을 공유하는 콘텐츠 플랫폼이다. 여기어때는 모바일에 최적화된 세로형 영상 콘텐츠 '지금, 제주'를 선보였다. 지금, 제주는 자체 촬영한 77개의 제주 풍경이 연속 재생되는 형태며, 특히 숙소와 맛집 영상은 해당 장소의 예약 또는 리뷰 페이지로 이동하는 기능을 추가했다. 야놀자는 인터파크를 인수하면서 숙박만이 아닌 항공·여행·공연을 아우르는 트래블테크 기업을 목표로 하고 있으며 인터파크가 운영하고 있던 패키지 상품 구성 노하우도 적극 활용할 계획이다. 플랫폼 내 다양한 콘텐츠를 녹여내면서 우리나라를 넘어 글로벌 여행 플랫폼으로의 발돋움을 계획하고 있다.

포스트 코로나 시대의 플랫폼 간 경쟁은 해외여행 역사상 가장 치열한 시기가 될 것으로 보인다. 특히 해외여행 재개 초기에는 소수의 여행지를 두고 다수의 판매자가 고객 확보에 나서야 하는 상황이라 기업별 대규모 프로모션도 줄지어 진행될 수도 있다. 국내 숙박·레저 기반으로 성장한 야놀자와 여기어때, 글로벌 OTA, 패키지여행사의 자체플랫폼 등 여행 플랫폼사들의 경쟁에서 누가 살아남을지 궁금해진다.

MICE시장도 플랫폼의 등장이 가속화되고 있다. MICE산업은 B2B 시장이 주를 이루기 때문에 여행시장에 비해서는 플랫폼화가 다소 느리게 나타나고 있지만, 신규고객 유치를 위해 플랫폼 개발을 서두르고 있다.

Cvent는 MICE 주최자 및 기획사들과 Venue들을 연결시켜주는 플랫폼으로 전 세계 호텔 MICE 담당자들이 주로 애용하고 있다. 연결기능 외에 최신 트렌드, 미팅테크놀로지에 관한 정보도 제공하고 있으며 이메일 마케팅의 기능도 수행하고 있어 가장 각광받는 플랫폼이라고 볼 수 있다. 한국에서도 Venue와 주최사를 연결시켜주는 비딩스테이란 플랫폼이 출범했으나 아직까지는 플랫폼으로서의 확고한 입지를 다지지는 못한 실정이다.

MICE산업에서 가장 영향력 있는 국제기구 중 하나가 ICCA(국제컨벤션협회)다. ICCA 웹사이트에는 그동안 전 세계에서 개최됐던 국제회의의 히스토리, 관련 Key Man, RFP를 비롯해 최신정보 및 동향, 우수사례 등이 게재돼 있어 MICE산업에서의 B2B 연결 플랫폼이자 빅데이터 플랫폼으로 볼 수 있다. 국제회의에 관해 ICCA 웹사이트가 전 세계에서 가장 많이 활용되는 이유는 그 어느 사이트보다 정보와 콘텐츠가 많으며 이러한 정보와 콘텐츠는 ICCA를 구성하는 100개국 이상의 1,100개 회원사로부터 나온다.

바야흐로 플랫폼 없이는 생존하기 힘든 시대다. 하지만 플랫폼 또한 차별화된 경쟁력과 인지도가 있어야만 살아남을 수 있다. 그러기 위해서는 해당 시장을 개척하는 선구자적인 플랫폼이 되거나 압도적인 추진력과 공격적인 마케팅을 바탕으로 1위 기업을 추월해야 한다. 음식배달 플랫폼 1위인 배달의민족과 새벽배송 1위인 마켓컬리를 보면 알 수 있다. 이들은 끊임없이 추격해오는 경쟁사들을 상대로 자신만의 노하우와 대규모 투자를 통해 1위 자리를 고수하고 있다. 하지만 기능과 인지도만을 가지고서는 지속가능한 성장을 기대하기는 힘들다. 콘텐츠의 힘을 바탕으로 해야만 경쟁자의 추격을 떨쳐낼 수 있고, 무한경쟁에서 살아남을 수 있다.

여행과 MICE도 플랫폼을 효율적으로 활용할 경우 고객에게 더 빠르고 쉽게 다가갈 수 있는 장점이 있다. 하지만 콘텐츠가 뒷받침해주지 못하는 관광지, Venue, 그리고 도시는 일시적으로는 플랫폼을 활용해 시장에서 우위를 선점할 수 있으나, 지속가능한 발전과 시장 석권을 이루지는 못할 것이다. 무한경쟁시대를 맞아 플랫폼과 콘텐츠, 두 여의주를 모두 가져야만 살아남을 수 있을 것이다.

OTT 플랫폼_ 넷플릭스 vs 디즈니플러스

이커머스 플랫폼_ 네이버 vs 쿠팡

여행의 게임화

주말마다 아들이 친구들과 함께 포켓몬GO 게임을 하며 놀이터와 동네를 휘젓고 다닌다. 이들은 스마트폰을 들고 돌아다니며 곳곳에 숨어 있는 가상의 포켓몬스터를 사냥하고 획득한다. 가끔 희귀 아이템을 얻으면 득템했다며 신나서 자랑을 하는데, 내 어릴 적 시절이 생각난다. 그런데 이 포켓몬GO 게임은 비단 어린이들뿐만 아니라 어른들도 즐겨 한다. 어른들도 동네와 때로는 지방까지 여행 가서 포켓몬을 얻으려 열심히 돌아다닌다. 한때 강원도 속초에서만 등장하는 포켓몬이 있어 속초행 고속버스표가 연일 매진됐고 속초시의 외국인 관광객은 2016년 한 해에만 30%가 넘게 급증했었다고 한다. 포켓몬GO 덕분에 속초시는 제대로 관광 특수를 누린 것이다.

의도하지는 않았지만 게임이라는 요소 덕분에 속초는 관광이 활성화됐고, 타 도시와 관광지들 또한 게임이라는 요소에 관심을 가지게 됐다. 게이미피케이션(Gamification)은 목표 달성과 보상이라는 게임 메커니즘을 접목해 고객의 관심과 참여를 끌어올리는 마케팅 기법으로, 비게임 분야에서 문제해결, 관심 유도, 정보 전달 목적으로 활용된다. 게임의 요소를 가미하면 여러 가지 장점이 있다. 참가자들의 참여도와 몰입도를 증가시켜줄 뿐만 아니라 네트워킹 효과도 증진시켜 준다. 또한 참가자들의 만족도를 향상시켜줄 수 있으며, 후원사의 ROI 증가나 주최자의 브랜딩 효과도 만들어낼 수 있다.

그동안 여행·관광 분야에서는 스탬프 투어를 활용한 게이미피케이션 프로그램이 주를 이뤘지만 디지털 기술의 발전과 함께 다양한 게임적 요소들이 개발되고 있다.

목포시는 모빌리티와 관광이 연계되는 미션게임 '퍼퓸 오브 더 시티 : 목포'를 출시했다. 650만 회원을 보유한 모빌리티 혁신 플랫폼 쏘카와 게임 회사 유니크굿컴퍼니와 협력해 만든 AR 게임으로 이 게임은 목포에서 쏘카 차를 타고 약 7km 구간을 이동하며 목포 명소들을 탐험하는 것이 주제다. 게임 이용자는 게임 속에서 가상의 조향사(調香師)가 돼 거동이 불편한 고객으로부터 고향 목포의 향기를 담은 향수를 만들어 달라는 의뢰를 받고 목포역에서 출발해 유달산 노적봉, 목포 근대역사문화공간 등을 이동하며 20개 안팎의 미션을 수행하는 것이다. 미션을 모두 완료하면 쏘카 차량 대여료 60% 할인 쿠폰이 보상으로 지급된다.

인천관광공사는 송도컨벤시아 일대를 메타버스 게임 플랫폼인 마인크래프트에 가상공간으로 구축했다. 마인크래프트는 샌드박스 건설 게임으로 삼차원 세상에서 다양한 블록을 놓고 부수면서 여러 구조물과 작품을 만들 수 있는 게임이다. 온라인 레고라고도 불리며 전 세계 6억 명 이상의 회원을 보유하고 있다.

2020년 11월, 인천관광공사는 송도 일대의 국제회의 복합지구 홍보를 위해 전국의 선발된 MICE 서포터즈들과 유튜버 '우왁굳'의 시합을 기획했다. 우왁굳은 110만 명 이상의 구독자가 있는 인기 게임 유튜버로 그가 만들어

수원화성의 비밀

내는 콘텐츠들은 대부분 시청자 참여로 이뤄지는 경우가 많다. 이 게임은 마인크래프트와 어몽어스(생존게임), 그리고 퀴즈로 구성됐다. 어몽어스는 생존게임으로 다양한 미션을 해결하면서 진행하는데, 그 미션 중의 하나를 MICE 퀴즈로 진행했다. 게임을 진행하는 동안 서포터즈들끼리 대화와 협력을 통해 박진감 넘치게 진행했으나 결국 우왁굳이 우승을 차지해 서포터즈들의 아쉬움을 샀다. 이 게임은 유튜브 채널로 실시간 방영돼, 전국의 MICE 서포터즈들과 관계자들, 그리고 우왁굳의 팬층이 시청해 송도 국제회의복합지구 및 인천, MICE에 대한 관심을 불러일으켰다.

ICT기술과 게이미피케이션을 활용해 수원에서 빅히트를 친 게임이 있는

데 바로 '수원화성의 비밀, 사라진 의궤'다. 이 게임은 야외에서 진행하는 방탈출 게임이라고 이해하면 쉬울 것이다. 수원화성의 비밀, 사라진 의궤는 하나의 스토리에 참가자들이 직접 참여하고 주도하며 문제를 해결하는 참여형 콘텐츠로 구성됐다. 이 게임은 정조 시대의 역사·문화적 사실을 게임과 체험으로 녹여냈으며, 여기에 증강현실까지 가미해 그 재미를 더했다. 수원화성이라는 현실 공간과 다양한 ICT기술인 GPS, 가속센서 등을 활용해 역사적 스토리를 통해 관광객에게 몰입감을 제공했다. 이 게임을 하기 위해 타 도시에서 수원으로 달려온 사람들이 많았으며, 2020년 한해만 전체 참가자 수가 3000명을 훌쩍 넘어섰다. 이 게임이 성공한 이유는 스토리(인문학)의 힘이 기술과 자연스럽게 결합이 되었기 때문이다. 참가자가 스토리에 직접 참여하고 행동하는 스토리두잉(storydoing)으로 관광프로그램을 구성한 것이다. 이 게임은 ICT를 활용한 대표적인 관광콘텐츠로 볼 수 있다.

서울관광재단은 코로나19를 맞아 3D 플랫폼인 버추얼 서울을 만들었다. 오프라인으로 서울에서 개최되는 MICE 행사에 참가하지 못하는 참가자들을 위해 만들어진 플랫폼으로 창덕궁, 세빛섬, 서울식물원, DDP 옥상정원, N 서울타워 등 서울의 5개 주요 명소가 360도의 3D 국제회의장으로 변신해 공간을 360도로 재현하고 온라인 컨퍼런스를 가능케 했다. 무엇보다 참가자들의 큰 호응을 얻은 프로그램인 '버추얼 서울 플레이그라운드'는 가상 공간에서 아바타가 게임을 하면서 서울 관련 정보를 얻고 전통놀이를 체험하는, 팀 빌딩에 최적화된 서비스다. 창덕궁에서 김밥 만들기, 서울광장에서 윷놀이하기 등의 게임이 있으며 한 번에 6명이 동시 접속해 3대 3으로 편을 나눌 수 있다.

마인크래프트

버추얼 서울

이외에도 게이미피케이션을 활용한 다양한 여행·관광 서비스가 개발되고 운영되고 있으며 디지털 기술의 발전과 함께 더욱 활성화될 것으로 보인다.

게임은 어린이들뿐만 아니라 어른들도 좋아한다. 나 또한 중·고등학생 때, 그리고 대학생 때까지도 스타크래프트와 워크래프트에 빠져있었으며 지금도 가끔씩 아들과 게임을 즐겨한다. 단순하고 밋밋할 수 있는 여행도 게임의 요소를 가미하면 흥미로워질 수 있고, 지루한 회의나 워크숍도 게임의 요소를 가미하면 재미와 몰입도가 증가된다. ICT기술과 함께 향후 여행·관광 산업의 게임화가 얼마나 발전할지 앞으로가 기대된다.

장소에 생명을 불어주는 활동
장소브랜딩

　브랜딩은 내가 좋아하는 분야이자 관심 있는 분야다. 내가 좋아하는 브랜드들은 모두 제품과 마케팅 능력도 뛰어나지만 무엇보다 브랜딩을 잘하는 기업들이라고 볼 수 있다. 나이키, 스타벅스, 애플, 코카콜라, 맥도널드, 배달의민족 등 이름만 들어도 알 수 있고 소비자들의 뇌리에 각인돼 있는 브랜드들은 모두 치밀한 기획과 계획하에 브랜딩을 진행한 기업들이다.

　브랜딩이란 이름이자 심벌과도 같은 브랜드를 그 브랜드답게 만들어가는 모든 과정이다. 브랜드 자체의 이미지와 모습을 만들어가면서 그 브랜드를 접하는 사람들에게 그것이 상징하는 바를 전하는 행위다(《그래서 브랜딩이 필요합니다》, 전우성 저). 브랜딩을 마케팅의 일부로 생각하는 기업과 단체들도 많으며 그들은 마케팅 조직 내 퍼포먼스 마케터, 콘텐츠 마케터, 브랜드 마케터를 두고 업무를 추진하고 있다. 하지만 실제 브랜딩은 마케팅의 영역을 넘어 소비자가 브랜드를 직·간접적으로 경험하는 다양한 접점에서 이뤄지는 모든 활동을 말한다고 할 수 있다.

여행·관광에 있어서도 브랜딩은 매우 중요하다. 성공적으로 브랜딩된 도시와 국가, 그리고 여행지는 관광객 유치에 있어 유리한 고지를 점할 수 있으며, 비슷한 콘텐츠와 내용물을 보유했음에도 성공적인 브랜딩 여부에 따라 승패가 가름될 수 있다.

도시브랜딩에 있어 가장 성공적인 케이스가 뉴욕의 'I♥NY'이다. 뉴욕은 1965년 세계 박람회 개최로 정점에 도달한 후 뉴욕의 방문자 수는 급격하게 감소했고, 비즈니스 여행객 수도 줄었다. 미디어/광고/홍보 산업을 제외하면 대부분의 산업이 힘든 상황에 있었으며, 1970년대 중반의 석유 위기로 시의 경제는 악화일로를 달리고 있었다. 뉴욕은 사태의 심각성을 깨닫고 I♥NY 로고와 캠페인을 대대적으로 진행했다. 캠페인은 뉴요커들에게 도시에 대한 자부심을 심어주고 뉴욕의 관광지를 정비해 나가면서 도시의 이미지를 개선해 나가고 도시의 가치를 높이게 됐다. 이렇게 I♥NY 캠페인은 뉴욕을 다시 한번 세계에서 가장 사랑받는 도시로 만들었다.

오스트리아의 잘츠부르크는 음악을 활용해 도시브랜딩에 성공한 케이스다. 잘츠부르크는 모차르트가 태어나 25살까지 살았던 고향으로 모차르트의 이미지를 도시에 일괄적으로 접목시켰다. 모차르트의 동상을 세우고 모차르트 생가가 있는 거리를 여행 코스로 개발했으며 음악의 도시답게 잘츠부르크 페스티벌을 세계적인 축제로 육성시켰다.

영국의 대표 문화도시이자 축구도시인 리버풀은 전설의 록그룹 비틀즈의 고향이다. 한 때 리버풀은 철강 산업으로 유명한 항구도시였지만, 이후 산업이 쇠락하면서 도시 재생과 도시 브랜딩의 필요성을 느꼈다. 이에 리버풀을 대표할 수 있는 비틀즈를 활용해 리버풀을 음악과 축제의 도시로 재탄생시켰다. 리버풀은 철저한 문화관광 전략과 스토리텔링으로 도시의 이미지를 개선해 나갔다. 비틀즈의 숨결을 찾아 돌아다니는 비틀즈 관광상품을 개발해 연간 400만 명 이상의 방문객을 끌어들였으며 비틀즈의 리더인 존 레논의 이름을 딴 존 레논 공항과 매튜 스트리트, 앨버트독 항구 등 비틀즈 멤버의 이름을 곳곳에 활용했다(《뉴노멀 시대의 장소브랜딩》, 이광호 저).

잘츠부르크와 리버풀은 모차르트와 비틀즈를 활용해 도시 이미지를 성공적으로 포지셔닝 시켰고 세계적인 관광지로 주목받을 수 있게 됐다.

국가 단위에 있어 캐나다도 단풍잎을 활용해 국가 이미지를 수립하고 브랜딩한 성공적인 사례로 볼 수 있다. 단풍잎은 캐나다 국기에 새겨져 있으며 캐나다를 가장 잘 내세울 수 있는 가을을 상징한다. 캐나다의 가을에 단풍잎은 캐나다 구석구석 퍼져 있으며 캐나다 사람들의 사랑을 듬뿍 받고 있다.

캐나다는 역사가 짧기에 앙코르와트, 만리장성, 타지마할, 에펠탑과 같은 유적지가 없다. 하지만 오랜 생활 함께해 온 단풍잎을 국가 상징으로 정하고 국기의 디자인으로 채택했다. 캐나다는 국기의 빠른 보급과 정착을 위해 캐나다 국기를 활용한 일련의 우표 시리즈를 발간했었으며 정부 홈페이지 곳곳에서도 단풍잎을 발견할 수 있다. 캐나다 최대 규모의 주유소 망을 보유한 페트로 캐나다의 심벌도 단풍잎이며 캐나다의 메인 항공사인 에어캐나다의 상징도 단풍잎이다. 캐나다 최대의 맥주 회사인 몰슨 캐나디언의 맥주캔에서도, 캐나다의 대표적 은행인 TD의 비자카드에서도, 국영철도인 VIA Rail에서도 단풍잎이 사용되고 있다. 더 나아가 마트에 있는 다양한 캐나다 제품에서도 단풍잎은 쉽게 발견할 수 있다.

캐나다 사람들은 국가 상징으로 단풍잎에 대한 자긍심을 가지고 있으며 지금은 전 세계 어디서나 그 누구라도 단풍잎만 보면 캐나다를 연상할 수 있게 됐다(《한국을 팔아먹는 사람들》, 한국관광공사 발행).

우리나라도 도시와 국가 차원에서 전략적으로 브랜딩을 추진하고 있다. 우리나라 대표 해양도시로 브랜딩돼 있는 부산, 인권도시 광주, 그리고 과학도시 대전을 비롯해 도시별로 도시이미지 제고와 관광객 유입을 위해 브랜딩에 매진하고 있다. 전라북도 임실군은 인구 3만 명의 작은 군이지만 임실치즈라는 지역브랜드와 한국 치즈의 원조란 명성으로 도시를 브랜딩하고 있다. 도시 브랜딩에 있어 도(道) 단위의 경우 여러 개의 시·군으로 이뤄져 있어 정체성 정립과 일관성 유지에 어려운 부분이 있다. 각각의 도시의 경우 도시의 특색과 지향하는 바를 비교적 용이하게 브랜드에 녹여낼 수 있지만 도 단위의 경우 도시별 특색과 지향점을 모두 어우를 수 있는 브랜드를 만들어야 하는데 그게 쉽지 않다. 경기관광공사 재직시 31개 시·군의 특색을 모두 아우르는 브랜딩 과제를 맡았었는데 서울을 둘러싸고 있는 경기도의 강점을 어필하면서 31개 시·군의 여행 매력도를 담아내기 위해 TF팀원들과 머리를 싸맸다. 경기도는 서울을 둘러싸고 있어 접근성이 좋은 반면 상대적으로 서울에 묻혀 외국인 관광객들에게 인지도가 높지 않다. 중국의 허베이성과 미국의 뉴욕주가 비슷한 사례가 될 수 있다고 생각했다. 베이징을 품고 있는 허베이성은 중국의 찬란한 문화를 두루 만날 수 있는 지역이다. 석가장과 보정, 승덕 등 유서 깊은 도시들이 포진해 있을 뿐만 아니라, 중국의 대표적인 협곡 중 하나인 태항산대협곡과 감숙성 가욕관까지 이어지는 만리장성의 동쪽 끝 요새인 산해관도 허베이성에 자리하고 있다. 미국 뉴욕주도 도시 뉴욕을 둘러싸고 있으며 버팔로의 나이아가라 폭포, 세라큐스의 핑

한국민속촌

거레이크 등 여러 유명 관광지가 있다. 하지만 뉴욕주의 여러 도시들과 허베이성의 도시들은 도시 뉴욕과 베이징의 그늘에 가려 전 세계적으로 크게 이목을 끌지는 못하고 있다. 경기도와 허베이성, 그리고 뉴욕주의 경우 다채롭고 매력적인 여행지를 보유하고 있지만 슈퍼스타 도시의 그늘에 가려 아직까지 여행객에게 발견되지 않은 숨겨진 보물 같은 장소로 생각돼 'Hidden Treasure, Gyeonggi!'라는 슬로건을 만들게 됐다.

관광지들 또한 브랜딩을 통해 국내외 방문객들을 끌어들이고 인지도 제고에 힘쓰고 있다. 세계적인 테마파크인 디즈니랜드는 아이들에게 마법과 환상의 공간으로 브랜딩하고 있다. "고객을 귀한 손님처럼 대하고 즐겁게 하라"라는 모토로 운영되고 있는 디즈니랜드는 입장에서부터 현장 그리고 무대 뒤까지 고객에게 어떠한 인상을 줄것인지 면밀하게 체크하고 있다. 디즈니랜드는 손님들이 놀이기구 하나를 타는 것에 그치는 게 아니라 디즈니 스토리를 녹여냄으로써 하나의 세계를 체험하는 느낌을 주게 하고 있으며 자신만의 문화를 고객에게 전달하고 있다. 우리나라 최대 규모의 전통문화 테마파크인 한국민속촌은 철저한 고증과 자문을 거쳐 사계절 변화에 따라 생활문화를 재현하고 있다. '웰컴 투 조선'이라는 브랜딩으로 조선시대 각 지방에서 이건 및 복원한 실물 가옥으로 조선시대 마을을 구현한 한국민속촌은 비슷한 구조와 모양으로도 보일 수 있는 고려시대와 경성시대로의 배경을 거부하고 조선시대의 전통문화유산 경험만을 내세우며 차별화를 꾀하고 있다.

서울을 대표하는 테마파크 랜드마크인 롯데월드는 '꿈과 환상의 나라'를 모토로 최근 캐릭터를 통한 브랜딩에 집중하고 있다. 롯데월드의 대표 캐릭터인 '로티'를 통해 캐릭터 IP를 활용한 디지털 콘텐츠를 제작하고 최근 MZ세대 '핫 플레이스'인 성수동에서 로티 팝업스토어를 만들었다. 불꽃축제로 유명한 한화그룹은 매년 여의도 한강공원에서 축제를 진행하고 있다. 한화그룹은 불꽃축제를 통해 63빌딩과 한화를 브랜딩하는 것과 동시에 불꽃축제를 우리나라 대표 관광 콘텐츠로 만들었다.

기업들은 고객과 직접 커뮤니케이션하기 위해 주요한 브랜딩 기능을 하는 슬로건을 적극 활용하고 있다. 대표적으로 단숨에 여행과 숙박업계를 모두 아우르는 기업이 된 에어비앤비는 '여행은 살아보는 거야!'라는 낭만적인 슬로건으로 여행과 숙박에 대한 고정관념을 깨뜨리며 여행과 숙박 시장에서 그들만의 독보적인 영역을 확보했다. 바쁜 비즈니스 여행객을 위한 IHG그룹의 Holiday Inn Express는 'Stay Smart' 슬로건을 사용해 브랜드 아이덴티티를 PR하는데 적극 활용하고 있다. 저렴한 가격과 오직 투숙만을 목적으로 간소화된 서비스를 제공하는 곳이 홀리데이인 익스프레스이지만 가성비

좋고 저렴한 호텔에서 투숙하는 것이 돈이 없어서가 아니라 'Smart'하기 때문이라는 인식을 투영했다. 이렇게 에어비앤비와 홀리데이인 익스프레스는 슬로건을 통해 브랜드가 전달하고자 하는 핵심 가치와 비전을 고객에게 전달하고 있다(「브랜드에 생명력 불어넣는 슬로건」, 〈호텔앤레스토랑〉 2022년 4월호).

여행에 있어 중요한 요소 중 하나인 쇼핑에서도 브랜딩의 힘은 중요하다. 특히 온라인 전성시대를 맞은 지금, 백화점이 가질 수 있는 여러 가지 열악한 조건에서도 성공적으로 데뷔했고 온라인에 대적하는 오프라인 공간으로서 너도나도 벤치마킹하는 핫한 장소가 된 '더현대 서울'은 MZ세대의 새로운 놀이공간이라는 장소로 브랜딩 됐다. 더현대 서울은 공간, 디자인, 마케팅, 커뮤니케이션, 콘텐츠 등 백화점 경영의 모든 측면에서 MZ세대를 타깃으로 했다. 지하 2층은 MZ세대만이 알 수 있는 핫하고 힙한 브랜드로만 채웠으며 고객들이 오프라인에서만 경험할 수 있는 공간을 만들었다. 또한 다른 백화점과는 다르게 전체 면적 중 절반만을 매장으로 사용하고 나머지 절반을 고객 휴식공간이나 보이드로 돌렸다. 더현대 서울의 조경은 규모나 내용면에서 마치 바깥에 나온 듯 압도적으로 자연을 느낄 수 있도록 만들어졌다. 더현대 서울의 성공은 MZ세대의 새로운 쇼핑공간이자 놀이공간, 우리나라 백화점의 새로운 랜드마크, 미래를 향한 울림이라는 새로운 사명과 정체성을 백화점 운영 전반에 걸쳐 일관되고 통일감 있게 풀어낸 성공적인 브랜딩에 의한 것이라고 볼 수 있다(《더현대 서울 인사이트》, 김난도, 최지혜, 이수진, 이향은 저).

브랜딩은 브랜드의 이미지와 느낌, 아이덴티티를 고객의 마음속에 심어주는 과정이다. 성공적인 브랜딩을 통해 브랜드 인지도가 높아지고 충성 고객의 수가 늘어난다. 충성 고객은 팬으로 변화되고 팬은 자발적으로 브랜드를 홍보하게 된다. 여행·관광산업에 있어서 어떻게 차별화되고 진정성 있는 브랜딩으로 고객에게 다가갈지가 향후 미래를 결정할 것이고 나 또한 지금 일하고 있는 수원컨벤션센터와 수원, 더 나아가 대한민국의 브랜딩을 위해 매일 치열하게 고민하고 있다.

더현대서울

새로운 시너지 창출
브랜드 컬래버레이션

작년부터 내가 즐겨마시는 맥주 중 하나가 곰표맥주다. 맛과 향기도 내가 좋아하는 스타일이지만 무엇보다 내게 친숙한 곰표 디자인의 캔이 정겨워서다. 한때 편의점에서 쉽게 찾지 못했던 곰표 맥주는 어느새 대중에게 가장 핫한 아이템이 되어있었고 곰표 맥주뿐만이 아닌 곰표 티셔츠, 패딩 등도 '인싸템'으로 등극했다.

2022년 가장 핫한 컬래버 사례를 꼽으면 단연 곰표다. 곰표는 티셔츠, 패딩, 치약, 핸드크림 등 패션, 화장품의 다양한 제품과 이색적인 브랜드 컬래버를 진행했으며 MZ세대들은 이에 열광했다. 곰표는 대한제분 주식회사라는 정식 명칭을 가진 밀가루 조제품 회사다. 기성세대에게는 친숙한 상표로 제분 및 식량업체에 있어 두 번째로 오래된 역사를 가지고 있다. 곰표 브랜드는 기성세대에 있어 브랜드 인지도 자체는 매우 높지만 오래되고 낡은 느낌이었기에 이를 클래식한 브랜드로 재구성하고 뉴트로 열풍을 반영한 뜬금 펀슈머 마케팅을 진행하였다. MZ세대의 소비패턴을 정확히 분석한 이 마케팅은 컬래버의 성공지표가 되었다. 곰표 컬래버의 성공요인은 이색적인 펀슈머 마케팅도 있지만 무엇보다 제품성이 뛰어난 브랜드들과의 컬래버였기에 큰 호응을 얻었다. 유명 연예인, 인플루언서들이 애용했으며 품절대란을 일으켰던 곰표패딩의 경우 검증된 4XR의 제품성이 뒷받침해 주었고, 곰표 밀맥주의 경우는 판매허가가 까다롭고 수제맥주로 유명한 세븐브로이와의 컬래버로 소비자의 지갑을 열 수 있었다.

 브랜드 컬래버레이션은 공동 브랜딩(Co-Branding)으로 혼용되어 사용되기도 하며 두 개 이상의 브랜드 간에 마케팅 활동을 통한 협업 및 전략적 제휴로 정의할 수 있다. 이는 마케팅 전략 중 하나로 둘 이상의 제품 및 서비스 브랜드가 서로를 보증하여 틈새시장을 개척하고 시장에서 경쟁 우위 확보 및 시너지를 창출하기 위해 제휴하는 운영 방식을 일컫는다. 브랜드 컬래버는 두 개의 브랜드가 함께 협업해 프로모션을 진행하는 것에서부터 새로운 제품/서비스 브랜드를 생성해 판매하는 것까지 광범위하게 적용할 수 있다(「맥도널드와 BTS의 공동마케팅」, 〈호텔앤레스토랑〉 2022년 7월호).

 컬래버레이션 성공의 또 다른 사례로는 루이비통과 슈프림이다. 루이비통은 100년 이상의 전통을 가진 럭셔리 명품의 대명사다. 명품이란 수식어는 루이비통을 이끌어온 브랜드 가치였지만 시간이 지날수록 오히려 약점으로 작용하였다. 낡고 고루한, 높은 연령대가 선호하는 브랜드라는 이미지를 극복하기 위해 루이비통이 선택한 컬래버 대상은 현존하는 스트릿 브랜드 중 가장 인기있는 슈프림이다. 루이비통의 고급스럽고 절제된 아름다움과 슈프림의 젊고 자유로운 분위기가 섞인 매력적인 제품들은 발매되자마자 품절대란과 폭발적인 리셀가로 가장 성공적인 컬래버 중 하나로 꼽힌다. 컬래버레이션은 2010년대 중반부터 본격적으로 업종과 분야의 경계 없이 활발히 이루어져 소비자들의 마음을 사고 있다. 잘 만든 컬래버레이션 상품은 협업한 브랜드의 가치를 크게 올려주고, 브랜드 아이덴티티를 새롭게 정의하는 큰 효과를 거둘 수 있다.

하지만 모든 컬래버레이션이 성공하는 것은 아니다. 루이비통과 현대미술의 컬래버와 SPA 브랜드 H&M과 프랑스 명품인 발망의 컬래버는 기대했던 것과 달리 실패했다. 럭셔리 1위 브랜드 루이비통은 르네상스–현대 미술과의 컬래버를 진행했으나 이질적인 두 소재가 융합하지 못하고 박물관 기념품숍 가방 같은 느낌으로 소비자들의 기대에 미치지 못했다. H&M과 발망의 컬래버도 화제가 되어 제품을 사기 위해 수많은 사람들이 매장 앞에서 기다렸으나 초반의 화제성에 비해 조용히 사라졌다. 소장보다 회전을 중시하는 SPA 브랜드와 시간이 지나도 제품의 가치가 빛나는 명품 브랜드는 상반된 핵심가치로 실패한 컬래버 사례로 자주 언급된다.

컬래버가 성공하기 위해서는 고려해야 하는 요소들이 있는데 컬래버가 주는 USP(Unique Selling Point)와 상호 간 시너지이다. USP가 있다는 것은 그 제품을 사야 하는 분명한 이유가 있어야 한다는 것이다. LG프라다폰은 성공했었고 현대 제네시스 프라다는 실패했었다. 명품 가방과 지갑은 있었지만 그동안 명품 휴대폰은 없었고 LG는 소비자들의 명품 휴대폰에 대한 수요를 파악한 것이다. 제네시스 프라다는 사야 하는 이유가 부족했다. 제네시스는 현대차의 대중적인 이미지가 강했고 '프라다'라는 브랜드를 입혔으나, 소비자들이 기존 제네시스와의 큰 차이를 느끼지 못한 것에 실패 원인이 있었다. 상호 간 시너지는 브랜드 컬래버에 있어 가장 중요한 부분이다. 서로 간 필요한 부분이 있어야 하며 아쉬운 부분을 컬래버하는 브랜드가 채워주

BMW 키즈 드라이빙(사진 출처_ 파라다이스호텔 부산)

어야 한다. 애플과 나이키의 컬래버에서 볼 수 있듯이 애플은 나이키를 신는 사람들이, 나이키는 애플을 사고 차는 사람들이 서로 필요했다. 뛰면서 즐긴다는 공통의 관심사가 있었기에 성공한 것이다.

여행·관광, MICE에 있어서도 브랜드 간 컬래버의 여러 사례들이 있다. 호텔과 애니메이션 캐릭터 간 컬래버, 도시 간 컬래버 등이 그것이다.

호텔들의 투숙률과 이미지 제고에 크게 일조한 요소가 바로 애니메이션 캐릭터룸이다. 호캉스 열풍과 코로나19로 인한 국내 가족단위의 수요가 늘어남에 따라 호텔들은 꾸준히 캐릭터와의 컬래버를 추진하였고 우리나라 다수의 호텔들이 키즈 캐릭터 테마룸으로 인기를 끌고 있다. 롯데호텔은 헬로키티와, 켄싱턴호텔앤리조트는 코코몽과, 이천 미란다호텔은 터닝메카드, 타요와, 블룸지스타는 시크릿쥬쥬, 또봇, 콩순이와 컬래버하였다. 아이들에게 인기 있는 키즈룸은 항상 예약이 힘들 정도로 만실이며 이에 더더욱 호텔들이 유명 캐릭터와의 컬래버를 추진하였다. 파라다이스호텔 부산은 BMW와의 컬래버로 BMW 키즈 드라이빙 프로그램을 운영, 아이들에게 선풍적인 인기와 함께 호텔 투숙률 제고에 일조하고 있다. 최근에는 패션 브랜드와의 컬래버 또는 아트 컬래버를 내세워 마케팅하는 호텔들이 늘어나고 있는 추세다.

경상남도 김해시와 합천군은 '차 문화와 치유 힐링 경남 여행'이라는 테마로 경남의 차 문화와 도예 문화를 알리고자 컬래버하였다. 이 사업은 관광객들에게 차 도구와 시음용 차, 다과 등으로 구성된 차 마실세트를 대여해 주고 차를 더 잘 즐기기 위한 차 도구 사용 방법, 지역별 다도 문화 등을 교육하는 프로그램으로 웰니스여행 트렌드에 맞춰 기획되었다.

MZ세대를 중심으로 선풍적인 인기를 끌고 있는 풀파티의 한 획을 그은 이벤트는 2014년 반얀트리 호텔과 클럽 옥타곤의 컬래버다. 풀파티의 문화를 바꾼 행사로 반얀트리의 고급진 수영장과 분위기에 옥타곤의 영업력과 운영력을 더해 메인풀을 20~30대 젊은 방문객으로 가득 채웠다. 2021년에는 유아와 아이들의 인기 브랜드인 밍크뮤 20주년 기념으로 반얀트리와 밍크뮤가 컬래버를 진행, 패밀리 게더링 패키지로 아기를 동반한 가족들의 방문을 이끌었다. 2022년 롯데호텔 제주도 밍크뮤와의 컬래버로 태교여행 패키지를 출시, 올겨울 내년 봄 출산 예정인 임산부들의 이목을 끌었다.

국제회의 유치에 있어서도 컬래버가 성공적으로 작용한 사례가 많으며 2013년 경기관광공사 재직 당시 진행되었던 보조공학분야 국제회의가 대표적인 예이다. 우리는 아시아 최고 권위의 국제회의인 i-CREATe(International

Convention on Rehabilitation Engineering & Assistive Technology)를 유치하기 위해 전략을 세우고 있던 중에 우리나라 최대 종합복지산업전인 센덱스(SENDEX)와의 컬래버 개최를 내세웠고 인도와의 경합 끝에 유치할 수 있었다. 태국과 싱가포르 보조공학기술센터 주관으로 개최되는 'i-CREATe'는 아시아 지역 최대 규모의 재활공학 및 보조공학 관련 학술행사로 싱가포르, 방콕, 상하이 등 아시아 각지에서 매년 개최하고 있다. 보조공학분야의 저변확대와 시장개척이라는 명분하에 우리는 i-CREATe를 유치할 수 있었고 태국 공주가 방한하는 큰 성과를 이루어냈다.

컬래버는 이제 마케팅 트렌드로 볼 수 있다. 성공적인 컬래버는 브랜드에 새로운 아이덴티티를 가져올 수 있으며 MZ세대에게 어필할 수 있다. 이를 위해 신선하고 재미있는 기획과 함께 시의적절한 타이밍을 잡아야 한다. 곰표의 경우 뉴트로 트렌드에 맞춘 최적의 타이밍을 활용하였고, 여러 컬래버 상품들도 핫시즌과 핫아이템으로 공을 들였다. 다양한 컬래버에도 불구하고 일관성 있는 톤앤매너와 고유정체성을 해치지 않는 범위에서 진행해야 할 것이다. 브랜드 간 이미지 적합도가 맞지 않거나 브랜드 고유정체성을 해칠 경우 브랜드 이미지에 치명타를 줄 수 있으며, 심각할 경우 아이덴티티를 파괴하는 독이 될 수도 있기 때문이다. 관광·MICE·호텔 산업이 컬래버를 활용, 향후 어떻게 다양하고 이색적인 브랜딩과 마케팅을 펼쳐나갈지 기대된다.

요즘 대세, ESG

2022년 올 한 해, 메타버스와 NFT 외에 내가 가장 많이 들어본 단어는 아마도 'ESG'가 아닐까 싶다. 최근 부쩍 늘어난 기상이변과 지구 온난화로 전 세계적인 환경에 대한 관심과 공정하고 투명한 세상을 원하는 MZ세대의 니즈에 맞춰 ESG가 더욱 부각된 것이다.

관광과 MICE 업무를 하면서 나 또한 환경문제에 관심을 가지지 않았던 것은 아니지만, 올 8월 우리나라 서울 및 경기남부에 있었던 80년 만의 거대한 폭우와 그 현장에 있었던 나는, 기후변화에 경각심을 가지게 되었고 나의 아들, 그리고 아들의 아들·딸에 대한 걱정과 우려가 생겼다. 올해 독일의 젖줄이라 불리는 라인강이 바짝 말라 바닥을 드러냈는데, 불과 1년 전에는 독일에 대홍수가 있었다. 그리고 지난해 미국 텍사스주 잭슨빌의 기온은 영하 21도까지 떨어져 미국 에너지 산업에 대란이 벌어졌고 캐나다 서부 브리티시컬럼비아의 리턴 지역은 49도까지 치솟았다. 아프리카의 에티오피아, 케냐, 소말리아 등은 지난봄부터 수십 년 만에 가장 심한 가뭄으로 가축이 떼죽음을 당했고 아시아에서 가장 긴 중국 양쯔강은 바닥을 드러내고 있다. 이러한 기상이변은 기후변화에 따라 더욱 극단적인 모습으로 나타나고 있으며 전 세계적으로 폭염, 가뭄, 산불, 홍수, 폭우의 피해가 빈발하고 있다.

이에 전 세계적으로 환경과 지속가능한 발전을 위한 움직임이 시작되었고 UN 총회에서 결의한 지속가능발전목표(SDGs : Sustainable Development Goals)가 그 축이 되고 있다. 세계 각국은 UN-SDGs를 이행하기 위해 많은 노력을 기울이고 우리나라도 지속가능발전법, 저탄소 녹색성장기본법, 국제개발협력기본법 등 정부정책 및 관련 법을 통해 UN-SDGs의 개별목표를 이행하고 있다. 특히, 빠르게 진행되고 있는 지구온난화에 맞서 미국 및 유럽을 중심으로 탄소중립(Net Zero), 산업경제 전반의 녹색전환을 유도하는 사업을 선도적으로 진행하고 있고 우리나라도 여기에 동참하고 있다. 비단 환경뿐만이 아닌 지속가능성을 위한 사회적, 지배구조적 요소의 중요성도 강조되고 있는 현재, 전 세계적으로 기업들이 ESG 경영 도입과 ESG 사업전략을 내놓고 있다. ESG는 환경(Environment), 사회(Social), 지배구조(Governance)로 구성된 용어로 환경은 탄소배출, 기후변화, 환경오염 등에 대처하는 활동을, 사회는 고용평등, 지역사회기여, 제품안전 등을, 지배구조는 투명경영, 사업윤리, 부정부패 척결 등의 내용을 담고 있다. ESG는 본래 기업이 장기적으로 지속하고 발전하기 위해서는 비재무적 요소 모두를 고려해야 한다는 철학을 반영, 투자를 받기 위한 기본 환경을 조성하기 위해 생겨난 개념이었다. 하지만 이제 ESG는 단순히 투자를 위한 개념을 넘어서 전 산업적으로 기업뿐만이 아닌 공공기관, 학·협회에서도 적용하고 있는 추세다. 특히 우리나라에서 ESG 개념과 ESG 경영 및 전략을 선도적으로 도입하고 수행하고 있는 가운데, 이제는 주요 대기업뿐만이 아닌 정부, 공공기관, 여러 단체에서도 적용하고 있다.

특히 관광산업에서도 방문객으로 창출되는 파급효과가 지역에 다양한 영향을 미치기 때문에 지속가능성과 ESG의 중요성은 더욱 높아지고 있으며, 그동안 추진해온 친환경 관광에 인권, 지역발전, 공정거래 등 사회적 이슈가 추가되면서 급속하게 지속가능한 관광으로의 전환이 이루어지고 있다.

코로나19 이전 빠른 속도로 발전하던 관광산업은 제조업 및 타 산업에 비해 환경적으로 지속가능하다고 믿어졌다. 하지만 급속도의 관광객 증가로 인한 오버투어리즘, 휴양지 개발 등으로 해당 지역은 오염되고 심지어 일정 기간 그 지역을 폐쇄하는 일까지 일어났다. 전 세계적으로 관광객을 유치하기 위해 인프라를 확충하고 관광객 편의 위주로 프로그램을 짜다 보니 심각한 환경 훼손과 사회적 부작용을 불러일으킨 것이다.

단적인 예로 필리핀 보라카이 섬과 태국 푸껫의 마야베이 국립공원이 있다. 두 곳 모두 세계적으로 최고의 휴양지로 꼽히는 곳이었으나 밀려오는 관광객을 모두 받아들이기에는 한계가 있었고, 환경오염으로 인해 결국 두 곳 모두 폐쇄령이 내려졌다. 보라카이의 경우 해변을 따라 늘어선 호텔과 음식점, 카페 등에서 배출되는 하수가 정화되지 않은 채 바다로 흘러갔고 그 오폐수가 백사장 웅덩이에 고이면서 녹조가 끼고 악취가 났다. 마야베이 국립공원은 바다속 산호초가 관광객들의 과도한 손길로 백화현상이 일어나면서 황폐화되었다. 결국 두 곳은 일정 기간 폐쇄 조치를 내리고 자연환경 회복에 노력을 기울였다.

이제 관광으로 인한 환경오염은 전 세계적인 문제로 부상하고 있으며 지속가능한 관광에 대한 전 세계의 관심이 집중되고 있다. 이를 위해 관광업계도 ESG 요소를 중요하게 관리하고 정보공시를 시작하고 있다. 관광산업

그린커텐

은 여행업, 호텔업, 크루즈업, 항공업 등으로 구성되며 WTTC(World Travel & Tourism Council, 세계관광여행협회)의 주요 기업 ESG 정보공시 내용에는 에너지 사용 절감, 온실가스 배출 저감 활동, 아동 노동 근절 및 방지를 위한 노력, 임직원 교육, 서식지 보호/복구를 위한 노력, 고객만족도 제고, 임직원의 다양성 존중, 강제 노동 근절 및 방지, 폐기물 관리 등의 지표를 담고 있다.

시대적 흐름에 맞추어 ESG 관광의 우수사례는 무수히 늘어나고 있다. 특히 지구의 환경과 생태 문제, 자연과 공생하는 여행, 더 나아가 자연을 보전하기 위한 친환경여행의 사례는 많다. 일례로 일본 시즈오카현 이즈바도의 에코리조트는 친환경 에너지 창출, 전기자동차 이용 촉진, 자원 순환 정책을 통해 친환경 리조트로의 입지를 다졌다. 사회적 측면에서도 여행자뿐만이 아니라 그 지역민과 지역의 발전에도 공헌하고자 하는 여행의 움직임이

오이마켓

일어나고 있다. 상생으로 지속가능성을 실현하기 위한 G-어드벤처스 여행기업이 탄생하였고 리플(Ripple Score) 점수라는 시스템을 구축하였다. 리플 점수는 수익금의 몇 퍼센트가 지역사회에 기여되는지 여행 상품마다 점수를 표기하는 시스템이다. G-어드벤처스 여행은 지역에 기반한 서비스를 엮고 그 경제적 이익이 다시 그 지역으로 환원될 수 있도록 계획한 여행으로 여행자와 지역 주민들이 공생할 수 있는 여행을 기획하고 있다. 정부정책·제도적인 측면에서도 발 빠르게 움직이고 있는데 싱가포르는 그린마크 인증제도와 인센티브제도 운영으로 환경친화적 도시를 건설하고 있으며 프랑스는 프랑스 정부와 민간체의 협업을 통해 라벨 제도를 활용한 지속가능한 여행 프로그램 개발을 유도하고 있다(《뜨는 관광에는 이유가 있다-ESG 관광의 모든 것》, 한국관광공사 저).

내가 근무하고 있는 수원컨벤션센터도 ESG 활동의 도입을 넘어 적극 수행하고 있다. 환경적인 측면에서는 센터의 태양열, 지열 등의 에너지 활용 효율을 높여 에너지 절감에 노력하고 있으며 그린커튼을 설치하여 전기에너지 절약, 대기오염 개선 효과에 기여하고 있다. 또한 충분한 전기자동차 충전시설을 비치해 방문객 및 직원의 친환경 차량을 최대한 이용할 수 있도록 유도하며 스마트그리드스테이션을 설치하여 센터 전체의 에너지 효율을 측정하고 관리하고 있다.

사회적인 측면에서는 MICE산업의 지역사회에 기여하는 특성을 반영하여, 센터를 방문하는 사람들이 소비할 수 있는 수원의 관광자원을 소개하고, 지역 주민에게 혜택이 갈 수 있는 다양한 프로그램을 기획하고 있다. 2021년에는 센터의 열린광장을 활용해 코로나19로 피해 입은 화훼, 농산물 업체를 위한 지역 경제 상생형 행사 '광교마켓'을, 2021년 하반기에는 센터 임직원 기부 물품을 판매하는 '오이마켓'을 통해 전체 수익금을 수원지역아동센터연합회에 기부하는 사회공헌 활동도 진행했다.

거버넌스 측면에서는 ESG 담당자를 지정하여 사내 ESG 교육 시행과 가이드라인 제정을 준비하고 있으며 더 나아가 센터에서 개최되는 MICE 행사의 ESG 모니터링도 추진할 계획이다. 이러한 활동들이 의미 있고 멋져 보이기는 하나 준비과정과 시행과정에서 힘들었던 부분이 많았던 것도 사실이다.

2000년대 들어 전 세계적인 여행에 대한 욕구와 갈증의 폭증에 SNS를 통한 과시욕구와 인증샷 관광이 기름을 부었다. 이로 인해 세계적인 환경오염과 기후변화, 생태계 파괴가 일어났고 나 또한 그 여행자의 한 사람이었음에 많이 부끄럽다. 최근의 여러 기후재앙을 맞아 환경에 대한 경각심이 일어나고 있고 관광산업에 있어서도 과잉여행에서 지속가능한 여행으로 트렌드가 옮겨가고 있다. 플로깅, 비치코빙을 접목한 관광상품도 생겨나고 있으며 제로웨이스트를 지향하는 여행상품과 숙소들도 늘어나고 있다. 오버투어리즘에 대항에 여러 가지 정책을 세우는 도시와 국가들도 많아지고 이탈리아 피렌체의 미술관은 르네상스 시대의 미술품을 100곳으로 나눠 보내 관광객들을 분산시켰다. 또한 코로나19로 증가된 디지털 노마드족을 무조건 환대하는 분위기도 없어지는 추세다. 나 또한 디지털 노마드가 되고 싶었던 환상과 꿈이 있었고, 여행과 일을 동시에 하며 즐기는 삶이 멋져 보였다. 하지만 디지털 노마드가 해당 지역에 경제적인 도움이 될 수는 있을지라도 너무나 많은 디지털 노마드가 몰리면 그 지역에 환경오염을 야기할 수 있으며 때로는 그 지역의 양극화를 촉발하고 현지의 다양성을 무너뜨릴 수 있다. '살아보는 여행'이 트렌드인 지금이지만, 이러한 여러 가지 요소를 신중히 고려하고 ESG를 개인적인 관점과 행동에도 적용해 보는 것이 어떨지 고민해 보는 요즘이다.

CHAPTER I

외부 칼럼

글로벌 테마파크 3곳의 경험
이수정

다시 열린 하늘길에 여행사는 무엇을 준비해야 할까?
김다은

호텔 마케팅의 시작
이윤원

한국 문화를 관광으로 잇다. 문화관광마케터
이가은

지역소멸을 막는 마지막 희망, 도시재생
신동현

인천공항, 새로운 관점의 공간해석
최광지

미래의 여행플랫폼, OTA
Gary Cheng

글로벌 테마파크 3곳의 경험

글 **이수정**

- 現 LEGOLAND KOREA Tour & Travel 총괄
- 前 삼성물산 에버랜드 리조트, SeaWorld Parks & Resorts Orlando

코로나19로 온 세계의 국경이 얼어붙은 지도 벌써 3년째다.

외국인 관광객들이 밤낮을 가리지 않고 호텔마다 북적이고, 양손 가득 화장품 쇼핑백을 들고 밤새 즐거운 발길이 끊이지 않던 익숙한 명동의 풍경은 이제 찾아볼 수 없게 됐다. 전국 각지로 출발하는 관광버스들의 출발지였던 명동은 이제 너무나도 쓸쓸하고 외로워 보이기까지 한다.

이렇듯 코로나19로 인해 수많은 관광지들은 국내 관광객뿐 아니라 외국인 관광객을 잃어버렸다.

내가 근무하던 한국 최대의 테마파크 에버랜드는 매년 100만 명이나 되는 외국인 관광객들이 방문했었지만, 코로나19가 장기화되자 해외 영업 부서를 아예 없애버렸다. 2021년 초에는 나와 함께 근무하던 해외파트의 동료들 모두 다른 부서로 발령되는 경험을 했다.

나의 경우 굉장히 오랜 기간 동안 FIT(Free Independent Tour)를 담당했기에 거의 유일한 해외 담당자로 남아있기는 했으나 사실상 한국에 들어오는 관광객들이 없었기에, 유명무실했을 뿐만 아니라 실질적인 업무는 거의 없었다. 그러나 그로 인해 국내 온라인 채널 업무를 병행하게 됐으니, 나

개인적으로는 업무의 범위를 한층 더 확장시킬 수 있는 계기가 됐다.

사실 테마파크라는 곳을 직장으로 다닌다고 하면 많은 사람들의 첫 번째 반응은 "와, 매일 놀이동산에 가시니 정말 즐거우시겠어요!"다. 그러면 나는 웃으면서 "일하다 보면 다 똑같아요."라고 답하곤 했다. 정말 그렇다. 다른 사람들이 방문해서 행복한 경험과 기쁨을 얻어 갈 수 있게 한다는 건 큰 사명감을 주는 일이기는 하지만, 회사의 목표나 방향성 하에서 일해야 하는 직장인이기에 어려움이 많은 것도 사실이다. 그런데 한국을 대표하는 테마파크에 전 세계 어딘가에 있을 나의 잠재 고객을 발굴하고 그들이 실제 한국에 입국해서, 에버랜드로 직접 찾아오게 하는 일은 정말이지 큰 희열을 주기는 했다. 그것은 지난 10년간 부정할 수 없는 나의 커리어의 원동력이 되어줬다.

그러한 강력한 원동력이 없었다면 아무도 나에게 FIT 마케팅 세일즈에 대해서 정확한 방향성을 제시해 주지 못했던, FIT라는 개념이 조금씩 자리 잡혀가던 거의 10년 전 그 시절, 그토록 열심히 일할 수 있었을까?

10년 전에는 현재의 시각에서는 굉장히 저차원적이라고 보일만한 활동부터 진행했었다. 에버랜드를 알리기 위해 외국어 브로슈어를 제작하고, 주요 호텔 200여 개소에 브로슈어를 배포하며, 항공사와 제휴해 지류 할인 쿠폰을 지급하거나 기내에서 경품 행사를 진행하기도 했다. 해외 카드사와 제휴를 위해 아는 인맥을 총동원해 태국어/베트남어로 메일을 쓰거나 심지어는 Q&A 이메일 주소를 통해 콘택트를 시도한 적도 많았다. 수많은 시행착오와 경험이 쌓이다 보니 어느 날 지인이 나에게 'FIT 인간문화재'라는 별명을 붙여줬는데, 그 별명을 듣는 순간 한국의 관광 활성화를 위해 더욱 사명감을 가지고 일해야겠다는 결의가 한층 굳건해졌다.

그렇다면 나의 지난 시간들을 바탕으로 테마파크에서 해외 FIT 마케팅 & 세일즈 총괄 담당자로 일해오면서 한 경험들을 조금 나눠보고자 한다.

테마파크는 무엇을 판매할까?

테마파크에서 일하는 우리는 고객을 상대로 무엇을 판매하는 것일까? 또 고객은 무엇을 얻기 위해 큰 금액을 지불하고 테마파크에 놀러 오는 것일까?

나는 미국 플로리다에서 유학하던 시절, 플로리다에서 유명한 Sea World라는 곳에서 인턴십을 했다. 당시 미국 재학생들이 함께 지원하며 경쟁이 치열한 자리에 운 좋게 선발돼 약 6개월간 내 인생 첫 테마파크 근무를 시작하게 됐다. Sea World는 미국 내 세 곳에 위치하는데, 샤무(Shamu, 범고래)라고 하는 고래 쇼가 메인 콘텐츠였다.

물론 롤러코스터 같은 놀이기구들도 있긴 했지만, 대부분 고객들은 샤무쇼를 관람하러 왔다고 봐도 과언은 아니었다. 샤무쇼의 인기는 스릴 넘치는 롤러코스터의 인기를 훨씬 넘고도 남을 정도였다. 또 Sea World 내의 기념품 숍에서 판매되는 상품 중에는 Stuffed Animal(동물 모양을 고르면 그 안에 직접 솜을 채워서 만들어주는 봉제 동물 인형)이 가장 판매가 잘 됐는데, 단연 샤무 모양의 인형이 제일 인기 있었다. 사실 까다로운 한국인인 내 눈에는 특별할 것 하나 없어 보이는 다소 허접한(?) 봉제 인형이었지만, Sea World를 방문하는 사람들은 너 나 할 것 없이 수십 불을 내고 샤무 인형을 하나씩 가슴에 안고 집으로 돌아갔다. 그 모습을 몇 개월간 바라보던 나는 '아 테마파크는 고객에게 경험을 판매하는구나!'라는 깨달음을 얻었다. 고객은 이용권 비용을 지불하고 즐거운 경험과 기억을 만들어서 집에 돌아간다. 그 샤무인형 하나에 본인이 느꼈던 감정과 추억을 고스란히 담은 채로. 그들에게 샤무인형은 단순히 인형이 아니라, 내가 Sea World에서 느꼈던 기쁨 그 자체였던 것이다.

우리나라에도 테마파크라고 불리는 곳들이 있다. 일반적으로 우리나라의 대표적인 테마파크라고 하면 에버랜드, 롯데월드, 서울랜드 이 세 곳을 떠올릴 것이다. 물론 나도 에버랜드에서 10년이 넘는 시간 동안 근무를 했다. 그런데 아쉬웠던 점은 에버랜드 하면 1초만에 딱! 떠오르는 강력한 캐릭터나 단일화된 콘텐츠가 없다는 점이다. 아마도 일반인들은 인지하지 못하지만 수십 년에 걸쳐 여러 차례 메인 캐릭터를 변경했던 탓에 사람들의 머릿속에 각인되지 못한 이유가 주요 원인일 것이다. 그에 반해 롯데월드의 로티, 로리는 오랜 시간 롯데월드를 대표해온 캐릭터로 비교적 잘 자리를 잡은 것 같다. 물론 에버랜드 하면 '사파리'나 '호랑이'가 떠오르기는 하지만 어떤 공간이 주는 경험과 그 공간을 대표하는 상징적인 캐릭터나 이미지, 그리고 그것을 통해 고객이 영원히 간직할 수 있는 기억은 한 맥락 속에서 오랜 시간 동안 이어지므로, 처음부터 잘 구성해두는 일이 반드시 필요한 것 같다.

Sea World에서 샤무쇼를 관람한 후 샤무인형을 안고 집으로 돌아간 아이가, 오래도록 소중한 기억을 간직할 수 있는 것처럼 말이다.

고객 경험의 Flow에 맞춰 준비하자.

일반적으로 고객이 물건을 사고 금액을 지불하면 그것은 판매자에게 전달된다. 그것으로 일련의 Commerce라는 과정은 종료된다. 그런데 고객에게 경험을 판매하는 테마파크는 어떨까?

근래에는 대다수의 외국 고객들 모두 OTA(Online Travel Agency)를 통해 이용권을 미리 구매한 후 방문하는 패턴을 가지고 있다. 4~5년 전까지만 하더라도 직접 매표소에서 구매하는 관광객 비율이 40%까지는 됐는데 이제(코로나19 직전)는 많아야 30%도 되지 않는 것 같다.

사실 고객이 OTA에서 이용권을 구매할 때 테마파크에 대한 정보는 정확한지, 상품 구성은 합리적인지, 계절성에 맞지 않은 이미지들이 올라가 있지는 않은지, 적정가격에 판매되고 있는지도 확인해야 되겠지만 구매하는 행위 자체로는 어떠한 경험 가치도 얻을 수 없기 때문에 그 이후의 고객 Flow에 대해서도 늘 염두에 둬야 한다.

테마파크에 따라 절차가 다르기는 하지만, 고객이 이용권을 앱에 미리 등록해 사전에 방문을 준비할 수 있도록 충분히 안내하고, 방문하는 그날의 날씨 정보나 테마파크의 혼잡도에 대해서도 미리 정보를 얻을 수 있도록 공지한다. 또 원하면 각종 놀이기구의 대기시간도 미리 확인해 볼 수 있다.

보통 외국인들의 경우 테마파크까지 도착하더라도, 충분하게 외국어 안내판이 있지 않는 한 입장 게이트가 어디인지, 어떠한 절차를 통해 입장해야 되는지 알기 어렵다. 또한 상당수의 외국인들이 OTA에서 구매한 이용권을 찾지 못하거나, 관련 이메일을 삭제해버렸다는 사실을 알아차리고 당황하는 경우도 많다. 사실 해외 OTA들의 경우 CS 처리를 해외에서 하는 경우도 많아서 실시간 응대가 어려운 경우가 대부분이다. 그래서 고객들이 전화한다고 해도 바로 처리되지 않아 발을 동동 구르게 되는 경우가 허다하다.

그런데 한국이라는 외국 나라까지 와서 이러한 일을 당하면 얼마나 당황스럽겠는가? 그렇기 때문에 나는 늘 현장에 관련 담당자를 두고 필요시 내가 영어로 응대하고 처리해 줄 수 있도록 절차를 정립해뒀다. 또 파크에서 기다리는 고객들에게는 1분도 10분처럼 길게 느껴지기 때문에 예상되는 시나리오를 정리해두고 최대한 신속하게 고객 입장에서 처리될 수 있도록 프로세스를 만들어 운영했다.

외국인 고객이 입장 게이트에서 원활한 입장이 불가한 모든 경우, 별도 부스로 안내되고, 그 부스에 앉아서 천천히 구매한 이용권을 찾아보거나 필요에 따라 전화 통화도 할 수 있게 안내했다.

에버랜드

나라별로 좋아하는 포인트가 다르더라.

하기야 국내 마케팅을 할 때도 고객 특성별로 세분화하는 작업이 필요한데, 해외 마케팅의 경우 더 복잡할 것이라고 예상되지 않나? 그런데 사실 해외 국가별 특성, 해당 국가의 타깃을 더 세분화해 깊이 있는 분석을 하면 좋겠지만 여기에서 먼저 생각해 볼 부분이 있다. 테마파크는 대부분 고정 시설이고 이미 갖춰진 콘텐츠를 판매하는 것이다 보니, 타깃의 특성을 매우 세분화한다고 해서 각각의 세그먼트에게 차별화된 가치를 제공하는 것은 사실상 쉽지 않다(물론 계절별로 축제 테마나 퍼레이드 등의 소프트 콘텐츠는 변화한다). 그래서 내 경우 크게 국가별로 특성을 파악하고 국가를 1차적인 세그먼트로 구분했다. 국가별로 문화나 그 나라 자체가 가진 여러가지 특징(소득, 날씨, 종교, 가족 규모, 문화 향유 수준 등)에 따라 선호하는 상품이 다르기 때문이다. 그 외에는 방문하는 형식을 2차 세그먼트로 두었는데 가족 단위인지 연인인지, 친구끼리의 방문인지도 고객을 유형별로 볼 수 있는 결정 요소였다. 또 홍콩이나 싱가포르, 대만, 일본의 경우 한국을 재방문하는 비율이 보통 30% 이상으로 높기때문에 늘 차별화된 상품을 소구하도록 각별히 노력했다.

동남아 관광객의 경우 아무래도 자연친화적인 환경에서 살다 보니 아웃도어 파크인 에버랜드를 경쟁사인 롯데월드보다 선호했다. 그리고 에버랜드 내에 잘 조성된 '포시즌스가든'이나 인근에 '호암미술관' 등을 방문했을 때 만족도가 높았다. 또 겨울이 없는 나라에서 살기 때문에 겨울에 방한하는 비율이 더 높았고, 에버랜드에서 눈썰매를 타는 경험에 굉장히 만족해했다.

에버랜드의 기본적인 FIT 상품들이 자리를 잡았을 무렵에는 아주 세분화된 상품들도 직접 기획해서 판매했는데, 그중에는 가족 수가 굉장히 많고 소비 수준이 높은 아랍권 고객을 주로 타깃팅해 만든 'EVER-CAB'이란 차터(Charter) 서비스 패키지도 있었다(Charter : 전용 차량 제공 서비스). 일반 티켓 단품과 비교시 약 10배 정도의 가격이었지만 매월 100건 이상 시 판매될 정도로 꾸준히 인기가 있었다. 한국과 거리가 멀어 방문 비율이 그리 높지는 않지만 동양인보다 체격이 커 기존 셔틀버스 이용이 불편할 것이라고 생각된 미주/유럽권 방문객을 위한 좌석이 넓은 셔틀 서비스(우등 버스)도 기획을 했다. 또 지불 능력과 편의성에 니즈가 높은 고객을 대상으로는 주요 놀이기구를 대기없이 탈 수 있는 Q-PASS를 연계해 판매 매출을 높이는데 기여하기도 했다.

그밖에 러시아 관광객들의 경우 캐리비안베이에 대한 선호도가 높았는데, 러시아 내에 이렇다 할 워터파크가 없기 때문이다. 매우 단순하지만 해외 세일즈에 꼭 알아두어야 할 포인트들이다. 즉, 크게는 국가별 특성으로 구분하여 기본 상품들을 판매했고, 다양성 확보와 매출 극대화를 위해 고객군을 점차 세분화하여 여러가지 상품들로 늘려나갔다. 그 당시 나는 에버랜드에 관심이 있는 외국인 고객이라면 단 한명의 고객도 놓치지 않겠다는 욕심과 열정을 가졌던 것 같다.

외국인이 버스를 타고 에버랜드까지 찾아온다고?

놀랍지만 FIT 관광객들의 약 60~70%는 직접 지하철/광역버스/셔틀 등을 타고 용인까지 방문한다. 나머지 30~40% 정도는 OTA 채널을 통해 이용권과 교통이 패키지(보통 원데이투어로 불리며 상품 구성은 이용권+교통+가이드로 되어 있다.)로 묶인 상품을 예약한 고객들이다.

그 정도로 요즘 관광객들은 미리 자세히 알아보고 준비해서 방문할 정도로 사전 계획의 수준이 높다. 그렇다면 에버랜드까지 외국인 관광객을 유치해야 하는 나는 어떠한 작업을 했을까? 사실 용인에 위치한 에버랜드는 지리적으로는 외국인이 찾아가기에 너무 멀다. FIT의 대다수가 강북지역의 호텔에 투숙하므로 강북에서 시작해서 한 번에 유료 셔틀을 타는 경우도 있지만, 강북에서 출발해 강남역까지 지하철을 타고 와서 강남역에서 출발하는 5002번 버스를 타고 가는 경우도 많다. 이럴 경우 편도만 거의 2시간~2시간 반까지도 걸린다.

외국인들의 편의성을 높이고, 교통 허들로 인해 잃게 될 고객이 없도록 교통편 확충은 내가 가장 심혈을 기울이고 오랫동안 작업한 부분이다. 교통편이라는 것이 한 번에 해결할 수 없는 문제이기 때문이다. 5002번 같은 광역버스의 노선을 확대해 보려는 시도도 많이 했으나 노선을 바꾸는 문제는 시 차원의 의사결정이 이뤄져야 하고, 또 충분한 탑승객이 확보돼야 한다는 전제가 필요했기에 5002번 버스 외면에 영어로 에버랜드까지 가는 버스라는 안내를 크게 붙이는 정도로 일단 만족할 수밖에 없었다. 대신 유료 셔틀버스를 운영하는 업체들과 장기간 사전 준비를 통해, 서울의 거의 대부분의 주요 지역에서 출발하는 셔틀 노선을 만들었다. 명동/동대문/시청/홍대/강남/서울역 등 외국인이 주로 방문하는 거의 모든 지하철역에서는 에버랜드로 출발하는 셔틀을 탑승할 수 있도록 했다. 이것만으로도 외국인 관광객은 에버랜드를 한층 더 가깝게 느낄 수 있었을 것이다. 또 서울의 주요 호텔과 게스트하우스에 에버랜드파크 정보과 셔틀 운행시간에 대한 브로슈어를 배포

에버랜드

했다. 이러한 활동이 장기화되면서 현재는 호텔 데스크와 게스트하우스에서도 에버랜드 셔틀에 대한 정보를 충분히 숙지하고 직접 안내할 수 있는 수준에 이르게 됐다.

고객에게 정보를 알리는 효율적인 방법
- 눈에 확 띄는 디자인

외국인에게 한국 관광지에 대해 각인시키는 일은 생각보다 쉽지 않다. 그렇기 때문에 그 관광지를 대표하는 디자인이나 로고, 또는 눈에 확 띄는 색감과 디자인을 많이 사용해야 했다. 내가 오랫동안 일했던 에버랜드의 경우 워낙 이미지 자체가 밝고 생동감 넘치는 테마파크기도 했고, 야외에 꽃들이 만발한 '포시즌스 가든'이 시그니처 명소이기도 했기에 이러한 이미지를 많이 활용해 홍보했다.

에버랜드의 경우 특이한 점은 대표 캐릭터들의 잦은 교체로 인해 캐릭터에 대한 인지도가 낮아 대표 캐릭터보다 가든의 이미지나, 백호, 매직 타워(나무) 등의 의미를 주로 사용해 해외 홍보 활동을 했다.

2017년에는 좀 더 다양한 방식으로 외국인들에게 접근하고자 많은 고민을 하다 외국인 FIT 관광객들이라면 한국에 와서 반드시 구매하는 교통카드를 제작해 보기로 했다. 충전식 교통카드는 자유롭게 한국을 여행하고자 하는 FIT라면 반드시 구매를 하게 되는데 보통 1장당 2500원에서 4,000원 사이에 팔렸다. 또 인천공항 입국장에는 메인 편의점 2곳이 있는데, 그 매장에 에버랜드 전용 교통카드를 입점시켜야겠다고 생각했다. 공항은 외국인들에 대한 접근성이 좋고, 또 그들이 가장 많이 구매하는 교통카드에 에버랜드 이미지를 추가하면서, 그것을 제시하면 에버랜드 이용권 할인까지 제공하는, 홍보부터 실질적인 집객까지 이어지는 좋은 아이디어라고 생각했다.

교통카드 시장이 워낙 포화상태인데다 각 편의점마다 재고 부담을 꺼리는지라 처음에는 어려움이 많았지만, 결국 초도 물량을 인천 공항에 입점돼 있던 편의점에서 전체 선매입하고 판매하는 조건으로 에버랜드 리미티드 교통카드가 세상에 탄생하게 됐다. 총 4가지 디자인으로 출시됐고, 리미티드 상품으로서 한국을 기념하고자 하는 관광객들에게 소장가치를 불러일으킬 수 있다고 생각했다. 또 다시 구매할 수 있고 교통카드로 사용하는 것은 물론이고, 에버랜드 이용권의 30% 할인 혜택까지 제공됐다. 여러 회사들과 협업해 새로운 시도를 해볼 수 있었던 좋은 경험이었다.

다시 열린 하늘길에 여행사는 무엇을 준비해야 할까?

글 김다은
• 《여행사 직원은 무슨 일을 할까》 저자
• 前 오산대학교 글로벌호텔관광학과 외래교수

　여행 마케팅을 이야기하기에 앞서 코로나19를 빼놓을 수 없다. 이전에도 여행업계는 사스와 메르스 등 감염병 사태와 사드 보복의 일환인 중국의 한한령(限韓令·한류 금지령), 일본 여행 보이콧 등 정치적인 리스크 속에서 인바운드와 아웃바운드를 막론하고 수많은 위기를 겪어왔지만, 코로나19 사태는 특정 지역이나 산업의 범주를 넘어 대부분의 국제 경제 생태계를 뒤흔들었고, 특히 세계 곳곳의 하늘길이 막히며 여행과 항공, 호텔 업계는 직격탄을 맞게 됐다. 관광 산업은 줄도산 위기에 처했고 수백, 수천 명이 일자리를 잃게 됐다. 나 또한 5년간 일했던 여행사가 폐업하면서 한순간에 직업을 잃었고 연일 뉴스에서 헤드라인으로 내세웠던 "코로나19 사태 속 여행사 줄 폐업, 대규모 정리해고"라는 타이틀의 주인공이 됐다. 그렇게 코로나19가 불러온 관광 기업의 존폐 위기와 고용 쇼크는 이례적으로 수많은 이들의 생존 문제로 직결됐다.

　하지만 아이러니하게도 오버투어리즘(Overtourism, 과잉 관광)으로 시름시름 앓고 있던 수많은 글로벌 관광도시들은 관광객들의 발길이 끊기며 스스로 자연을 회복했고, 지속가능한 여행을 하기 위해 가치 소비를 하려는 관광 소비자의 인식을 고취시키는 계기가 됐으며, 기술적인 한계를 보완할 새로운 테크 플랫폼의 개발을 가속화시켰으며, 기존 여행사의 구조적인 문제점과 한계를 되돌아보는 중요한 시간을 맞이하게 했다. 말 그대로 부분적 전화위복이 된 셈이다. 코로나19 3년 차에 접어들면서 다시금 인천공항이 활기를 찾게 된 지금, 우리는 어떤 변화에 집중해 어떤 차별점을 가지고 위드 코로나 시대의 여행을 만들고 마케팅할 것인가를 고민해야 한다. 마케팅은 단순히 판매 경로를 확대하고, 상품을 여러 매체에 홍보하는 것을 넘어서 기업의 존재 가치를 정립하는 것부터 시작되기 때문이다.

문화체육관광부와 한국관광공사에서 발표한 '2022 국내 관광 트렌드'에서는 코로나19 이후 변화된 일상 속에서 새롭게 형성된 관광 트렌드를 다음 7가지 키워드로 요약했다. △개별화·다양화(Hashtags) △누구와 함께라도(Anyone), △경계를 넘어(Beyond Boundary), △즉흥여행(In a Wink), △나를 위로하고 치유하는(Therapy), △일상이 된 비일상(Usual Unusual), △나의 특별한 순간(Special me). 이중 핵심적인 포인트를 몇 가지 살펴보면, 개인방역이 중요해지면서 프라이빗한 공간을 갖춘 숙소를 찾는 이들이 많아졌고, 캠핑과 등산, 차박 등 힐링여행이 가능한 자연친화적인 장소의 선호도가 높아졌으며, 비대면 근무의 트렌드에 따라 생겨난 '워케이션'이나 '살아보기' 같은 키워드가 떠올랐다. 또한 랜선 여행이나 온라인 전시 관람과 같은 디지털 여행 트렌드가 지속적으로 인기를 끌고 있고, 골프여행이나 사진, 전시관람 등 개인의 평소 취미생활과 연결한 '보다 개인화된' 여행 활동에 대한 관심도 계속 늘어날 것으로 전망됐다.

초개인화된 여행의 시대가 왔다는 것은 곧, 여행 마케터가 고객의 작은 움직임을 더욱 세밀하게 관찰할 필요가 있다는 뜻이다. 내가 여행사에서 근부할 당시에도 빅데이터 분석이나 최신 트렌드 사료 분석, 네트워킹 모임 참여 등을 통해 고객의 니즈를 파악하고 신규 상품을 기획·개발 및 홍보하는 일을 했는데, 특히 고객들의 '검색어'에 집중했다. 검색의 의도를 파악하면 고객이 원하는 것이 무엇인지 알 수 있고, 특정 고객 집단에서 공통으로 발견되는 검색어는 우리가 타깃을 설정하고 세분화해 나갈 때 무엇보다 중요한 자료가 된다. 한 번은 괌(Guam) 여행을 검색하는 여행객이 사이판(Saipan)을 함께 검색해 비교한다는 사실을 발견해, 괌과 사이판을 비교하는 페이지를 만들어 고객의 유입을 증대시켰다. 또 한 번은 공항에서 시내로 이동하는 교통편을 검색하는 고객의 유사 검색어에서 호텔 체크인하기 전까지 짐을 맡길 공간을 찾는 키워드를 발견해, 공항과 시내 이동을 포함, 호텔 체크인 전까지 가이드와 함께 시내투어를 하는 상품을 만들었다. 그러면 자연스럽게 차량에 짐을 싣게 되니 짐 문제도 해결되고, 체크인 전까지 가볍게 투어를 즐긴 후 가이드가 호텔로 데려다 주는 서비스까지 받을 수 있어 일석삼조의 효과가 아닐 수 없다. 그 외에도 대규모 패키지여행에 질려버린 여행객들이 소규모 여행을 찾는다는 것을 발견해서 만든 〈유자차투어〉(6인 이하 소규모 '유'럽 '자'동차 '투'어〉와 4명 이상 단독 여행을 만들어주는 〈우리끼리만 여행을 부탁해〉 등을 예로 들 수 있다. 고객 인터뷰를 통한 발견, 검색어나 트렌드를 통한 발견 등 인사이트를 도출할 수 있는 방법은 다양하지만, 본질적인 것은 고객의 관심사와 문제점을 해결하려는 노력과 관심이 필요하다는 것이다.

코로나19가 불러온 기업들의 마케팅 방식의 변화도 살펴볼 필요가 있다. 바로 간접 영업(B2B)방식에서 직접 영업(D2C)방식으로의 변화다. D2C란, Direct to Consumer의 약자인데 중간 유통망을 줄인 대표적인 성공 사례로 나이키를 들 수 있다. 나이키는 2019년 11월에 아마존에서 나이키 제품 판매를 중단하며 고객과의 직접적인 관계 강화에 집중할 것이라고 선언했다. 당시에는 우려의 시선이 다수였지만 결과적으로는 D2C 매출을 43억 달러(약 4조 7000억 원), 즉 전년 대비 32%로 신장시키고 온라인 판매를 84% 증가시키며 성공적인 혁신을 이뤄냈다. 기업에게 있어 중간 유통망의 제거는 수수료 절감과 함께 고객과의 직접적이고 지속적인 관계를 만들어 팬덤을 구축할 수 있게 해준다. 관광업계 또한 울며 겨자 먹기로 TV 홈쇼핑에 많은 수수료와 혜택을 제공하며 상품을 판매해왔지만 최근에는 라이브커머스를 통해 직접 판매하는 사례도 늘어나고 있다. 네이버나 카카오와 같은 라이브커머스 서비스 제공 플랫폼을 이용하는 것은 TV 홈쇼핑처럼 중간 플랫폼을 두는 차원에서는 동일하지만 TV 홈쇼핑보다 수수료 절감의 효과가 있고, 모바일 기반의 접근성을 높였다는 점에서도 긍정적인 요소로 작용하고 있다. 인터파크투어는 자사의 라이브커머스인 인터파크TV 운영을 통해 수수료 부담을 없애고 고객들에게 추가 혜택을 제공하며 직접 마케팅 채널을 확장시켰다. 이러한 직접 판매는 수수료 비용을 절감해 고객들에게 더 많은 혜택으로 돌려줄 수 있다는 점에서 기업과 고객 모두가 윈윈하는 전략이 될 수 있다.

 코로나19 사태 이전에도 글로벌 OTA와의 경쟁구도 속에서 FIT 고객들을 빼앗겨왔던 전통 여행 기업들의 입장에서는 더욱 가속화된 디지털 트랜스포메이션(Digital Transformation)과 온라인 판매 시장의 확대, 그리고 고도화된 빅데이터 기반의 개인 맞춤형 여행 서비스의 수요 증가로 인해 이에 최적화된 여행 테크 기업과의 경쟁도 불가피하게 됐다. 실제로 트래블 테크 기업으로 전환한 야놀자는 1년간 IT 기업 5곳을 인수, 설립하며 아마존처럼 단순 중개 역할을 넘어 물류와 경제까지 망라하는 플랫폼을 만들어 코로나 시대의 여행 업계를 선도하기 위한 대대적인 도약을 준비하고 있다.

지난 3월, 호스피탈리티 테크기업 온다(ONDA)는 '2022 한국 여행 생태계 맵'을 △여행플랜플랫폼 △검색포털 △메타서치 △국내외OTA △숙박공유기업 △커머스 △여행사 △호텔솔루션기업 △투어·액티비티 △국내외호텔체인브랜드 △국내외항공사 △지상이동 △여행·숙박 미디어 등 총 23개의 카테고리, 295개의 브랜드로 구성해 발표했는데, 앞서 언급했던 관광 소비·심리 트렌드와 함께 코로나19로 가속화된 테크 기업의 성장, D2C 마케팅의 증가 등의 내용을 포함하고 있어 국내 여행 생태계에 대한 새로운 개념을 정립하는 데 도움이 된다.

그동안 관광업계가 코로나19 사태 속에 손 놓고 보고만 있었던 것은 아니다. 많은 항공사는 여행에 대한 설렘을 찾고 싶어 하는 여행객들의 심리를 공략해 무착륙 관광 비행 상품을 내놓았고, 제주항공은 상공이 아닌 육지에서 승무원이 서비스하는 기내식 카페를 운영하기도 했다. 현지에서 거주하는 가이드가 직접 실시간 송출하는 라이브 방송에 참여해 랜선으로 간접 여행에 즐기는 상품도 인기를 끌었다. 해외여행 가능 시점에 사용이 가능한 조건의 여행 상품을 판매하거나 취소수수료를 100% 면제해 주는 상품도 판매됐다. 비대면 트렌드에 발맞춰 가상현실(VR)과 증강현실(AR), 인공지능 등의 디지털 서비스 사업도 급성장했는데 문화재청은 SK텔레콤과 함께 유네스코 세계유산인 창덕궁 곳곳을 집안에서 여행할 수 있는 5G 기반 '창덕아리랑(AR-irang)' 앱 서비스를 선보이기도 했다. 국내 대형여행사 중

한 곳인 하나투어에서는 전용 제트키를 타고 떠나는 여행이나 코끼리가 모 닝콜 해주는 여행, 전통 가옥에서 머무는 친환경 여행과 같은 이색 여행 상 품도 기획 판매하며, 패키지여행의 부정적인 이미지로 인식됐던 현지 지불 경비(쇼핑센터 방문, 선택 관광, 가이드 경비 등)를 없애는 방식을 택하는 긍 정적인 변화를 보이기도 했다. 인터파크투어에서는 국내 골프 기획전 상품을 이용해 원하는 날짜와 장소로 라운드를 다녀온 후 스코어나 사진을 제출해 참가하는 '언택트 골프 대회'를 열기도 했다. 최근 MZ세대 사이에서는 '운동' 과 '골프웨어'에 대한 관심이 인스타그램 #골프인증을 통해 표출되는 트렌드 가 생겼는데, 이런 심리를 여행 상품과 결합한 좋은 예시라고 할 수 있다. 자 발적인 인증 유도를 통한 바이럴 마케팅은 비교적 흔한 방법이라고 할 수 있 지만 입소문만큼 저렴하면서도 효율적인 마케팅은 없는 듯하다. 코레일관광

개발이 크라우드 펀딩으로 '말이 필요 없는 여행'을 출시한 사례도 살펴볼만 하다. 코로나19가 바꿔놓은 여행 트렌드 중 하나로는 '혼행'을 꼽을 수 있는데 크라우드 펀딩 사이트인 '텀블벅'에서 모집 인원을 달성하면 출발하는 여행 상품이다. 새로운 소비 형태로 떠오른 크라우드 펀딩 방식을 활용해 눈길을 끌고 새로운 기획이나 상품을 출시하기 전에 고객의 반응을 살필 수 있다는 점에서 기업 입장에서도 긍정적인 마케팅이 될 수 있다.

우리는 나이키가 운동화를 파는 것과는 다른 무형의 서비스를 판매한다는 것을 안다. 소비자들은 눈에 보이지 않는 상품에 수십, 수백만 원을 들여 우리의 상품을 구매한다. 우리는 단순히 상품을 판매하는 것이 아니라 고객의 니즈에 맞춘 경험을 판매한다는 것을 잊지 말아야 한다. 단순히 요즘 잘 팔린다는 여행 상품을 기획하고, 판매 매체를 홈쇼핑에서 라이브커머스로 바꾸거나 상품을 홍보하고 고객 접점을 만드는 플랫폼을 페이스북에서 틱톡, 메타버스와 같은 핫한 채널로 바꾸는 '매체의 확장' 뿐 아니라, '어떤 가치'를 제공할지에 대한 고민, 지속가능한 여행을 하기 위해 준비해야 할 것들, 기존 패키지 상품 구조의 문제점 개선, 소비의 주축으로 떠오른 MZ세대와 액티브 시니어의 소비 트렌드 파악, 테크 기업이 선두주자가 된 오늘날의 여행 생태계에서 우리 기업의 위치에 대한 고민 등 미래를 바라보는 전략이 필요한 시기다.

호텔 마케팅의 시작

글 **이윤원**

- 現 르메르디앙 & 목시 서울 명동, 2022~
- 前 안다즈 서울 강남, 코트야드 메리어트 수원, 쉐라톤 서울 디큐브 시티 호텔
- '시취미' 시집 출간 2017, 러쉬(LUSH) 공식 서포터즈 3기 / 모델

    2010년대부터 국내로 오는 해외관광객이 폭증함과 동시에 호텔의 숫자도 빠르게 늘어나기 시작했고 호텔산업도 가파르게 성장했다. 성수기나 대규모 단체가 입국시 호텔 객실 확보가 어려울 정도였으며 호텔의 인기에 힘입어 호텔 취업을 희망하는 학생 수도 늘어났다. 하지만 2019년 코로나19 직격탄을 맞아 호텔산업은 주춤하다가 침체되기 시작했다. 생존을 위해 호텔들은 자기만의 콘텐츠를 내세워 마케팅하기 시작했고 국내시장의 호캉스 열풍에 힘입어 다시 한번 재도약을 바라보고 있다.

    이러한 호텔의 역사와 함께 한 나의 여정을 기술하기 전에 호텔의 전반적인 생리와 속성에 관해 짧게 설명하고자 한다. 호텔의 전반적인 생리와 속성은 고객으로부터 일어난다. 어느 부서도 다 공통적인 특징이다. 고객의 니즈를 먼저 파악하고, 호기심을 이끌어내야 한다. 잠재적 고객, 내·외부 고객, 그리고 그 고객이 재방문할 수 있도록 만들어야 한다. 이렇게 계속 고객의 니즈를 만족시키다 보면 FIT & 기업 고객 유치는 물론 호텔의 포지셔닝이 완성된다. 사실 나는 내가 호텔에서 일하게 될 줄은 상상도 못했다. 호텔 커리어의 시작은 졸업을 위한 실습 과제로 인해 시작됐다. 실습하는 동안 고객

과 대화를 하는 내내 웃고 있는 나를 발견하면서부터 나는 호텔리어가 되겠다고 결심했다. 그렇게 나는 2015년 3월 따듯한 봄날, 호텔리어로서 커리어를 시작하게 됐다.

호텔리어의 업무는 부서별로 상이하다.

객실부 호텔에서 가장 먼저 고객들을 만나 볼 수 있는 곳, 객실 체크인/체크아웃부터 호텔의 전반적인 설명을 해주는 곳이다.

식음 인하우스 게스트, 외부 고객들에게 호텔의 시그니처 음식 또는 프로모션을 제공하는 곳, 단순히 식사 서비스만 제공하는 것이 아니라 고객들에게 특별한 경험을 선물해 줄 수 있는 업무를 할 수 있다. 개인적으로는 객실 부서보다 고객과 더 많은 소통을 할 수 있다고 생각한다. 추가적으로 웨딩, 돌잔치 서비스도 식음료 부서에서 진행한다.

세일즈 호텔의 실질적인 살림꾼. 주말뿐 아니라 평일의 객실의 점유율과, 연회장을 가득 채워 줄 수 있고 다양한 국내, 해외 기업들의 행사를 유치하는 부서다.

마케팅 호텔의 내·외부 이미지를 만들어 내는 곳으로 코로나19를 맞으면서 더욱더 빛을 발하고 있으며 PR 마케팅과 디지털 마케팅으로 크게 나뉜다. 쉽게 설명하면 호텔의 사진, 글, 영상, 인플루언서 등은 마케팅의 손을 거쳐나간다. 무에서 유를 창조하고. 평상시에도 트렌드에 관심이 많은 사람이라면 당신은 마케터!

　여러 부서 중 나의 첫 시작과 선택은 쉐라톤 서울 디큐브 시티 호텔의 식음료 부서였다. 그 이유는 내가 생각한 마케팅은 이론보다 실제 필드에서 고객들의 니즈가 무엇이고 고객과 직접적으로 소통을 하고 싶었기 때문이었다. 식음료 부서에서 다양한 프로모션도 경험해 보고 와인을 공부하러 잠시나마 스페인으로 떠나기도 했다. 그렇게 식음료의 경력이 4년 차가 될 무렵 코트야드 메리어트 수원의 오프닝 멤버로 이직했다. 놀랍게도 마케팅 매니저로 말이다. 그렇게 꿈꿔왔던 호텔의 첫 마케팅을 오프닝 호텔에서 하다 보니 데이터가 하나도 없어 너무 도전적이면서도 힘들었다. 오픈을 하자마자 코로나19가 발생돼 힘든 시기를 맞이했지만 나에게 있어서는 호텔리어의 터닝 포인트가 되기도 했다. 코로나19로 인해 국내 여행의 소요가 가장 핫한 시기에 맞춰 메리어트 인터내셔널 코리아 최초로 클러스터 패키지를 론칭하기도 했다.

　첫 번째로는 수원·대구·부산으로 떠나는 기차 여행 콘셉트인 뉴트로 에디션, 두 번째로는 코트야드 메리어트 호텔 5개의 연합 패키지–국내로 떠나는 세계여행 콘셉트. 이 두 개의 패키지 모두 '뉴트로'라는 콘셉트의 인기와,

세계 여행에 목마른 사람들의 갈증을 해소하기 위한 패키지였고, 많은 사람들의 뜨거운 관심을 받아 성공적으로 마무리했다.

이렇게 나의 마케팅의 깊이가 깊어질 무렵 약 7년간의 메리어트 인터내셔널 소속의 둥지를 떠나 하얏트의 가족이 됐다. 내가 선택한 하얏트의 브랜드는 '안다즈'였다. 안다즈는 힌디어로 개인적인 스타일이라는 뜻이다. 럭셔리 라이프 스타일 브랜드면서도 고전적인 럭셔리가 아닌 개인적인 스타일을 존중하는 브랜드이기에 MZ세대와 정말 잘 맞는다고 생각해 안다즈 서울 강남에서 새로운 시작을 하게 됐다. 럭셔리 브랜드답게 그동안 경험해 보지 못한 더 큰 브랜드와의 제휴 마케팅도 해보고 더욱더 나의 마케팅의 깊이를 넓혀 나가고 있다.

내가 생각하는 마케팅이란 정말 무에서 유를 창조하는 것, 무에서 유가 되고 그 유에서 고객들이 만족을 느끼는 모습을 보는 재미로 이 길을 걸어왔다.

호텔은 마케팅을 통해 무한한 가능성을 열 수 있고 하드웨어보다 소프트웨어가 강조되는 지금은 더더욱 그렇다. 소피텔 앰배서더 서울, 르메르디앙 & 목시 서울 명동, 엠갤러리 호텔, 더블트리 바이 힐튼호텔 & 레지던스, JW 메리어트 제주, 코트야드 메리어트 평택 등 신규호텔들이 속속 들어서고 있는 지금, 한계가 없는 호텔 마케터들의 활약이 기대된다.

한국 문화를 관광으로 잇다
문화관광마케터

글 **이가은**

- 現 가치활동 플랫폼 임팩트리 대표
- 前 그레뱅뮤지엄 해외마케팅 차장 | '그레뱅뮤지엄', '빈센트 반 고흐를 만나다'
- 前 ㈜나도요 사업총괄 | '대만 배우 류이호 팬미팅'
- 前 ㈜예감 해외마케팅 팀장 | '점프', '브레이크아웃', '뮤지컬 화장을 고치고'

    2022년 4월, 방탄소년단(BTS)의 라스베이거스 공연에는 전 세계 20만 명의 아미(BTS 팬덤)가 찾았다. 네 차례 걸친 미국 투어를 통해 공연 부문에서만 약 400억 원의 수익을 올렸고, 굿즈판매, 온라인공연, 팬들의 관광(숙박, 놀거리), 부대행사를 소비하며 창출된 경제적 효과는 약 2000억 원에 달했다. 글로벌 아미는 아티스트를 좋아하는 것뿐만 아니라 한국어 학습, 역사와 문화 공유, 음식 등 다양한 분야에 관심을 가지고 학습하고 있으며, 그들이 다녀간 곳을 직접 방문하기 위해 한국을 찾는다.

    '오징어 게임'은 넷플릭스 오리지널 시리즈로 공개 후 83개국에서 1위를 차지했으며, 전 세계 1억 1100만 구독 가구가 시청했다. 넷플릭스 역대 최장 흥행 기록을 세웠으며, 해외 각종 시상식에서 수상하며 글로벌 콘텐츠로서 인정을 받았다. 출연진이 신고 나온 것과 유사한 패션 브랜드 반스의 흰 운동화 매출은 7800%나 증가했으며, 녹색 트레이닝복은 시리즈 공개 직후 전 세계 베스트셀러가 되었다. 특히 극 중 등장하는 '구슬치기', '달고나'는 글로벌 놀이문화가 되었고, 한국어로 '무궁화 꽃이 피었습니다'를 외치며 즐거워하는 외국인들을 오프라인은 물론 SNS(소셜미디어)에서도 쉽게 만날 수 있다.

칸영화제 황금종려상 '기생충', 칸 영화제 감독상 '헤어질 결심', 아카데미 여우조연상 '배우 윤여정', 골든글러브 아카데미 남우조연상 '배우 오영수', 칸 영화제 남우주연상 '배우 송강호', 부커 국제상 '채식주의자'등 세계 대표 시상식의 수상을 통해 영화, 문학 부문 역시 세계인들의 관심을 받게 되었다. 2022년 6월 기준 네이버 웹툰의 글로벌 창작자 수는 600만 명, 작품 수는 10억 편에 달하며, 1·4분기 기준 월간활성이용자수(MAU)는 8200만 명을 돌파하였다. 게임 역시 한국 콘텐츠 수출액의 70% 차지할 정도로 비중이 매우 높다. 이는 K-POP에 집중되었던 콘텐츠가 문화 전반적인 분야로 확장되고 있다는 것을 의미한다. 이처럼 한국 문화 콘텐츠는 새로운 형태의 글로벌 트렌드가 되고 있다. 한국어, 역사, 음식, 관광 등으로 관심 분야를 넓혀줌으로써 한국 방문 유치뿐만 아니라 한류를 활용한 산업 발전에 중요한 역할을 하고 있다. 메타버스, NFT 등 기술 발전으로 글로벌 문화 소비자들과의 실시간 소통은 더욱 자유로워졌다. 세계가 한국 문화 콘텐츠에 주목하고 있는 지금, 문화 소비자와 가장 접점에 있는 문화관광마케터들의 역할이 그 어느 때보다 중요하다.

한국문화를 관광으로 잇는 사람들

2011년 싱가포르 에스플러네이드 극장에서 한국 공연 '점프'의 막이 올랐다. 배우와 스텝을 향한 3,000명 관객의 기립박수와 함성은 잊을 수 없다.

점프공연

문화관광마케터로서 동행한 첫 해외 공연이었다. 5회에 걸친 공연은 1만 5,000명 관객으로 가득 차고, 그들은 열광했다. 현장에서 느껴지는 열기는 대단했다. 현장에서 만난 관객들은 스태프 옷을 입고 있는 내게 감사 표현을 하기도, 사진을 요청하기도 했다. 손을 잡은 노부부는 얼마 남지 않은 삶에 소중한 기회를 주었다고 편지를 주셨고, 아이와 함께 온 부부는 30년 동안 한국을 갈 수 없었는데 이렇게 만나니 눈물이 난다고 했다. 공연은 어떤 힘을 가지고 있는 것일까. 문화도 언어도 다른 이들에게 한국 공연은 어떤 의미가 되었을까. 새내기 마케터에게는 신기하기도, 놀랍기도 한 경험이었다. 그리고 그 경험은 오랜 시간 공연 분야에서 할 수 있게 한 원동력이 되었다.

당시 '점프'는 '난타'와 함께 한국을 대표하는 넌버벌퍼포먼스(대사가 없는 공연)로 국내외 외국인 관객에게 K-POP 못지않은 인기를 얻었다. 국내에서는 전용관에서 365일 오픈 런으로 공연이 진행되었고, 해외 각국의 초청으로 정규 공연, 이벤트 형태로 글로벌 관객을 만났다. 중화권, 동남아권 시장을 홀로 담당한 덕분에 매월 평균 2~3개 국가를 방문하게 되었다. 때에 따라서는 공항에 도착하자마자 미리 보관해둔 짐을 찾아 다시 출국하는 출장 일정도 소화할 만큼 바쁜 나날을 지냈다. 사실 주변의 부러움이 무색할 만큼 비행기 공포증이 있어서 출발 도착이 엄청난 도전이었고, 공항-호텔-공연장-공항이 반복되어 여기가 한국인지 외국인지 헷갈릴 때가 많았던 특별한 기억이 있다.

비행기 타는 것이 무섭고 살인적인 스케줄로 체력이 고갈되었지만 사람 만나기 좋아하고, 호기심이 많은 성격은 이 업무에 딱 맞았다. 다양한 문화를 경험하는 것도 특별한 기회였다. 이슬람 국가인 말레이시아의 라마단(이슬람교도는 일출에서 일몰까지 금식을 한다.) 기간에 호기롭게 출장 가서 업체 한 곳도 미팅하지 못하고 돌아온 일, 태국 세관에 이벤트 공연 소품(점프는 마샬아츠 공연이어서 모형 칼, 봉, 송판 등이 있었다.)이 문제가 되었을 때 '점프' 리플릿을 보고 프리패스 되고, 인도네시아 한복판에서 택시가 잡히지 않아 공항에 갈 수 없었을 때 입고 있는 점프 티셔츠를 보고 데려다 준 사연 등 각 국가를 방문하며 쌓은 좋은 기억이 많다. 현장에 만난 공항 직원들과 관객 중에는 지금도 친구처럼 연락하고 지내는 이도 있다. 현장에서 알게 된 문화적 특성은 외국인 관객을 유치하는데 많은 도움이 되었고, 개인적으로는 글로벌 친구들이 생겨 좋았다.

태국 영화 권문호(헬로 스트레인저)는 점프 공연을 운영하면서 담당자로서 가장 뿌듯한 마케팅 활동 중에 하나였다. 한국 올 로케이션으로 진행된 영화는 한국을 배경으로 남녀 주인공의 사랑과 이별을 다루고 있다. 언뜻 보기에 공연과 연관성이 없어 보이지만 이 영화로 인해 공연 점프는 엄청난 태국 관객을 맞이할 수 있었고, 출연했던 점프 배우는 많은 관심을 받게 되었다. 남녀 주인공의 만남과 재회의 매개체가 된 점프 공연장은 태국 영화 관객에게도 중요한 장소가 되었고, 극 중에 나오는 점프 공연 장면은 관객들의 관심을 이끌어주었다. 당시 주변의 만류도 있었지만 마케터로서 좋은 기회를 꼭 잡고 싶어서 강행했다. 멋지게 노출된 점프 공연 장면을 보면서 밤새 촬영팀과 함께한 고생이 뿌듯했다. 사실 촬영부터 상영 후까지 성과가 없으면 어쩌나 잠을 이룰 수 없었다. 영화가 상영되고 나서 폭발적인 인기와 함께 점프 공연도 조명되었다. 재빠르게 한국 방문 태국인들이 점프공연장을 찾을 수 있도록 SNS, 매체를 통해 홍보를 시작했다. 당시 '사위' 역할이 쓰고 나온 안경이 관심을 받고 있어서 안경 업체와 협업하여 에디션 굿즈로 제작하여 단체관객에게 제공하였다.

문화관광마케터는 올라운드 플레이어

해외정규공연과 이벤트 공연은 브랜드 인지도를 높이는데 매우 큰 역할을 한다. 현지 매체를 통해 현지인들에게 소개될 수 있기 때문에 마케터에게는 마케팅비용을 최소화하고 효과를 극대화할 수 있는 절호의 찬스다. 마케터는 해외 공연 기간 동안 공연의 브랜딩, 참여 관객의 분석, 잠재고객의 확보까지 많은 미션을 완수해야 하기 때문에 사전 준비를 철저히 해야 한다. 정규공연은 해외공연 팀과 협업하여 마케터는 현장에서 홍보마케팅 활동에 전념할 수 있지만, 이벤트 공연은 프로덕션과 마케터 역할을 동시에 해야 하기 때문에 바쁘게 움직이게 된다.

해외정규공연이 있을 경우, 마케터는 해당 국가의 파트너기관과 기업 담당자를 초청하고, 공연 전후 시간을 활용해 공연상품을 채택할 수 있도록 협의한다. 공연 당일에는 초청자를 맞이하고, 인사를 나누고, 선물과 소개서를 전달하고 공연에 대한 간단한 브리핑을 한다. 공연 기간 중에는 해당 국가에 파견된 한국관광공사, 대사관, 한국문화원, KOTRA를 통한 홍보와 현장 이벤트를 진행하여 한국 방문 예정인 잠재 고객들에게 공연을 소개한다. 현지 여행사 담당자 미팅에서는 주로 공연에 대한 이해와 반응도를 살피고, 한국 여행 코스에 공연 관람을 포함할 수 있도록 설득하는데 바로 성사되지 않더라도 가능성을 만들 수 있어서 좋은 기회이다.

전용관을 운영하는 공연장은 관객 유치가 매우 중요하다. 넌버벌퍼포먼스 특성상 외국인 관객이 대부분을 차지하고 그중에서도 방한관광객이 주를 이룬다. 한국 공연이 붐을 이루었던 2010년의 기억을 더듬어 보면 점프, 난타, 정동극장 등 공연장 앞에 대형버스에서 외국인들이 내려 공연장으로 향하는 광경이 떠오를 것이다. 모두 단체관광객이 여행코스에 포함된 공연장을 방문하는 것이다. 마케터들은 중화권, 동남아권에서 진행되는 여행박람회에는 필수로 참석하여 공연을 소개하고, 공연이 포함된 상품이 잘 구매될 수 있도록 지원하는 역할을 한다.

이벤트 공연은 주로 여행박람회에서 진행되는데 이때 마케터의 올라운드 플레이가 발휘된다. 여행 박람회 시작 전 부스를 세팅한다. 공연 포스터, 소개 영상, 리플릿, 명함 등 홍보물을 비치하여 재빠르게 부스 세팅을 마무리한다. 바로 이어 박람회장 무대 현황을 파악하고, 이동 동선 확인한 후 리허설을 진행한다. 스태프와 배우들의 공연 스케줄 공유와 식사를 준비해 주고, 현지 기관, 여행사 담당자분들과 미팅을 진행한다. 박람회 당일은 관련

업체 부스를 방문하여 미팅을 하고, 시간에 맞춰 이벤트 공연을 운영한다. 가끔 음향을 직접 하는 경우도 있다. 공연이 끝나면 여행사 부스에서 예약된 단체관광객과 개별관광객 인원수를 체크하여 하반기 공연장을 방문할 관객 수를 미리 파악하여 대비하는 것도 중요한 업무 중 하나다.

문화 비즈니스는 관광 관련 지자체, 기관, 여행사, MICE 업체들과의 협업이 매우 중요하다. 특히 MICE 분야는 공연, 전시 활용도가 매우 크다. 국제회의 행사에 초청공연, 특별공연으로 참여할 수 있고, 국제회의 참가자들의 자유여행 시간에 공연, 전시장을 방문하게 할 수도 있다. 인센티브 그룹의 경우, 공간을 대관하여 특별한 식사와 함께 제공하거나, 콘텐츠의 일부를 인센티브 그룹의 특성에 맞게 바꾸거나 브랜드명 노출을 통한 홍보 채널로 사용할 수 있도록 한다. 공연, 전시 관련한 다양한 굿즈(답례품)도 MICE 특성에 맞게 준비하여 제공함으로써 호응을 얻고 있다.

앞으로 우리는?

지금 생각해 보면 공연 홍보마케팅을 위해 해 볼 수 있는 것은 무조건 다 해본 것 같다. 온라인으로 노출될 수 있는 곳이면 무조건 전화하거나 이메일을 보내 만나고, 해외 매체에 매일 이메일로 공연 소식을 전했다. 여행사를 무작정 찾아가 여행 코스에 우리 공연을 선택할 수 있도록 하고, 방문한 해외 관객은 하루도 빠짐없이 현장에서 맞이했던 것 같다. 그만큼 공연이 좋아서이기도 하지만 한국을 알린다는 사명감도 마음에 자리 잡았던 것 같다. 365일 쉬지 않고 공연을 보는 일, 관객들을 관찰하고 소통하는 일, 업체를 만나 우리 공연을 알리고 상품으로 만드는 일은 혼자서 해내기 어려웠지만 각 국가의 담당자들도 자신의 역할을 충분히 수행하고 있었고, 함께하는 파트너들의 협력과 응원이 있어서 가능한 일이었다. 공연뿐 아니라 테마파크, 전시, 공연 등 문화 마케터들은 한국보다 해외에서 더 많이 만날 정도로 바쁘게 움직였고, 아무도 가르쳐주지 않는 현장에서 서로 의지하며 성장했던 것 같다. 닳아버린 구두와 스티커로 도배된 캐리어가 멋지게 느껴지던 문화관광마케터였다. 안타깝게도 팬데믹 영향으로 한국을 방문하는 외국인 단체관광객과 개별관광객이 크게 감소하면서 공연, 전시, 콘텐츠 소비층도 크게 바뀌었다. 고객의 트렌드도 달라졌다. 그러나 한국 공연, 전시, 콘텐츠에 대한 외국인의 관심은 이전보다 더욱 높아지고 있고, 관심 분야의 폭도 한층 넓어지고 있다. 오프라인만 고집하던 공연도 차츰 온라인 채널과 IT 기술 접목을 시도하여 시간과 공간의 제약 없이 관객과 소통하기 시작했으며, 최근 방문 가능한 국가를 대상으로 조심스럽게 해외 공연과 전시도 진행되고 있다. 문화관광마케터는 급변하는 상황에서도 해결책을 제시하고 트렌드를 잘 반영하는 장점이 있다고 생각한다. '문화로 관광을 잇는' 자부심으로 마켓의 변화를 꾸준히 파악하고 준비하는 것이 필요하다. 세계가 주목하는 한국 문화가 잘 소개되고 소비될 수 있도록 새로운 세대의 문화관광마케터들의 활약이 더욱 기대된다.

태국영화 '헬로 스트레인저' 촬영 현장

지역소멸을 막는 마지막 희망, 도시재생

글 **신동현**

• 現 한국표준협회(KSA) 도시재생사업 담당자

    우리나라는 2020년을 정점으로 인구감소 시대에 진입했으며, 도시화 현상까지 가속화되면서 여러 사회문제가 대두되고 있다. 특히, 40대 미만 연령층에서 수도권으로의 인구이동이 크게 발생하고 있어 지방도시들은 가파른 인구감소와 함께 지역소멸 위기에 처해 있는 상황이다. 이에, 정부는 인구감소 및 지역소멸 위기에 효과적으로 대응하기 위해 2020년 '도시재생 특별법', 2021년 '국가균형발전 특별법'을 개정해 위기의 지역들을 지원할 법적근거를 확보했다.

    그중 핵심 사업이 도시재생 뉴딜정책이며, ①삶의 질 향상 ②도시 활력 회복 ③일자리 창출 ④공동체 회복 및 사회통합이라는 정책목표를 가지고 시작됐다. 이를 위해 주민들의 주도 하에 해당 지역의 문제를 정의하고 그 문제를 해결하기 위한 공간/시설물들을 재정비하며 이를 운영 관리할 주민공동체를 만들어가고 있다. 특히 마을기업, 협동조합 등 사회적경제조직을 육성해 관광객도 유치하고 수익도 창출해 가며 지역소멸에 대응하고 있다.

    이러한 예시로 논산시 강경고을 사례를 소개하고자 한다. 논산시 강경고을은 조선시대 3대 시장으로 불리며, '강경에서 돈 자랑하지 말라'는 말이 있을 정도로 상권이 발달한 도시였다. 금강 하구에 토사가 쌓여 화물선과 고깃배들의 접근이 힘들어지면서 상권이 무너지기 시작했으며, 1990년 금강 하굿둑이 생기면서 강경 포구의 기능이 완전히 상실돼 급속도로 쇠퇴됐다. 1985년 2만 1,896명이었던 강경읍 인구가 2021년에 7,916명으로 63% 이상 감소했으며, 고령화와 주택/건물 노후화 등으로 도시가 쇠퇴돼가고 있었다.

주민들과 지자체는 강경고을을 다시 살리기 위해, 도시재생뉴딜사업을 신청했고 2019년 선정됐다. 이후 도시재생대학을 통해 도시재생의 이해, 공동체의 중요성, 지역현황들을 함께 살피는 교육을 진행했으며, 워크숍을 통해 지역문제를 정의하고 이를 해결하기 위해 관광활성화를 방안으로 채택했다. 또한 지역문제를 세분화했고, 이를 해결하기 위한 팀들을 결성했다.

관광객 유치를 통해 지역상권 침체 문제를 해결할 '보물을 찾아서 팀', 지역 내 자투리 공간을 정원으로 바꿔 환경미화 문제를 해결할 '힐링정원 팀', 관광객들에게 강경만의 차와 디저트를 제공할 '포구향기 팀'이 그것이다. 각 팀마다 아이템 정립(사업아이디어 수립), 비즈니스모델 개발, 수요검증(고객/문제 정의), 솔루션검증 순으로 단계를 거쳐 서비스(상품)를 개발했다.

'보물을 찾아서 팀'은 강경고을을 방문하는 관광객들이 소중한 보물을 보지 못하고 가볍게 지나가는 것이 너무 안타까웠다고 한다. 그래서 강경고을의 역사 문헌자료를 찾고, 100세 이상 어르신들을 대상으로 인터뷰를 통해 과거 자료를 수집했다. 이를 바탕으로 스토리텔링해 거점별 문화관광해설을 준비했다. 또한, 김대건 신부 첫 사역지, 신사참배 첫 거부교회 등 주요거점 시설들을 코스로 한 성지순례 상품과 근대역사문화 거점들을 코스로 한 여행상품을 구성했다. 딱딱한 문헌자료 외에도 주민들만 알고 있는 재미있는 이야기들을 들을 수 있는 매력이 있었다.

정원(작업 전, 후)

'힐링정원 팀'은 강경고을 곳곳에 쓰레기와 함께 방치돼 있는 공간들을 볼 때마다 냄새도 나고 벌레도 생기고 보기에도 좋지 않아 부끄러웠다고 한다. 문제를 해결하기 위해 이장님을 중심으로 쓰레기 줍기 캠페인도 하고 자투리 공간들에 꽃을 심어 정원을 만들고, 관리 매뉴얼을 만들어 정원을 유지, 관리하고 있다.

포구향기 팀은 마을카페 운영 및 논산 특산품 딸기를 이용해 디저트를 만들어 강경고을 여행에 매력을 더하고 싶었다고 한다.

강경고을에서 태어나 수십 년을 거주한 이들이 지역을 살리기 위해 진심을 다해 노력했다. 수익 창출이 주목적인 일반적인 기업과 달리 지역문제 해결이 주목적인 협동조합은 추구하는 가치가 조금 다르다. 이들이 만드는 서비스(상품)에는 단어로 표현하기 힘든 특별한 매력이 있다. 지역문제 정의부터 해결을 위한 서비스, 홍보 및 마케팅까지 직접 실행한다.

강경고을 사례를 통해 도시재생 마케팅의 특징을 정리해 보고자 한다.

첫째, 추구하는 목표가 다르다. 수익 창출이 주된 목적인 관광마케팅과 달리 도시재생 마케팅은 지역문제 해결이 주된 목적이다. 물론 수익도 중요하다. 하지만 가성비를 추구하기보다는 사회적 가치를 추구하며 진행된다. 또한 정관에 의해 수익 일부도 지역사회를 위해 기증한다.

둘째, 해당 지역만의 차별화된 마케팅이 가능하다. 일반적인 관광마케팅은 마케팅 전문가에 의해서 진행되는 경우가 많다. 채널에 대한 이해, 마케팅 스킬 등은 뛰어나지만 해당 지역에 대한 이해도는 부족할 수 있다. 가끔은 해당 지역을 가보지 않고 마케팅을 진행하는 경우도 종종 있다. 그에 비해 도시재생 마케팅은 마케팅 전문가가 아닌 지역주민이 참여하기에 마케팅 스킬은 부족하지만 해당 지역에 대한 이해도가 높다. 이러한 장점을 활용해 다른 지역과 차별화된 마케팅, 진정성 있는 마케팅을 진행할 수 있다. 정량적인 효율은 떨어질 수 있으나 차별화와 가치를 중요시하는 요즘 시대에는 더 큰 효과를 낼 수 있을 것으로 생각된다.

셋째, 장기적인 관점을 가지고 진행한다. 트렌드의 변화와 단기적인 성과보다는 장기적 관점으로 준비하고 실행한다. 도시재생 사업 시작 후 거점시설들이 완공되기까지 약 4년 동안 준비하고 테스트 해본다. 민간기업에서는 생각할 수 없는 구조다. 다양한 시행착오를 겪으며 오랜 시간 준비한 만큼 탄탄한 준비를 할 수 있다.

현재 전국 500여 개 지역에서 도시재생 사업이 진행되고 있으며, 비중의 차이는 있지만, 대부분의 도시재생 사업에서 관광객 유치를 통한 지역경제 활성화를 기대하고 있다. 특색 있는 도시재생 관광상품이 개발 및 활성화돼 지역소멸을 막고 활기 있는 도시로 탈바꿈되기를 소망해 본다.

인천공항, 새로운 관점의 공간해석

글 **최광지**
• 現 에스엠컬처앤콘텐츠 광고사업부문 부장
• 前 이즈피엠피 차장

    인천공항. 이름만 들어도 여행의 즐거움이 연상되는 설렘의 공간이다. 우리나라의 대표 관문인 인천공항은 대한민국 국가대표의 위상에 걸맞게 전 세계 공항과 비교에서도 단연 최정상의 경쟁력을 자랑한다. 2011년 국제공항협의회(ACI)의 '명예의 전당(Roll of Excellence)'에 전 세계 1,800개 공항 중 '최우수 공항'으로 등재됐는데 이는 세계 공항 역사상 최초의 기록이라고 한다. 이뿐만이 아니다. 세계공항서비스평가(ASQ)에서도 중대형 공항부문 '세계 1위'자리를 12년 연속으로 차지하기도 한 인천공항은 이제 여행을 가기 위한 하나의 '시설'을 뛰어넘어 그 자체가 하나의 브랜드가 됐다.

    'Expect Exceptional', 바로 인천공항의 브랜드 슬로건이다. 이 슬로건은 여객에게 새로운 경험의 가치를 제공해 주기 위해 '공항 그 이상의 경험'을 제공하는 것을 표현한 메시지다.

    2021년 6월, 인천공항의 브랜드커뮤니케이션이라는 과업을 수행하던 나에게 '색다른 방식의 인천공항 홍보영상'을 제작해달라는 요청이 들어왔다. 당시 여전히 코로나19가 기승을 부리고 있었지만, 하반기에는 다소 안정화되지 않을까 하는 기대감도 존재하던 시점이었다. 모두가 여행을 가고 싶었지만 아직은 갈 수 없는 때. 하지만 곧 여행을 떠날 수 있을 것이라는 기대감을 조금씩 품고 있이었다. 이에 색다른 접근을 위한 고민을 하다 문득 이런 생각이 들었다. 공항이 즐거움이 연상되고 설렘이 있는 공간이라면 꼭 여행으로서만 소비해야 할까? 공항도 충분히 즐길 거리들이 많은데, 하나의 목적지로서 가지는 가치를 전달해 보는 것도 의미 있지 않을까? 실제로 이는 어느 정도 타당성이 있는 이야기였다. 인천공항은 제2여객터미널(이하 T2)을 오픈한 이후, 기존보다 훨씬 더 많은 즐길 거리들이 갖춰진 상태였기 때문이다. 기본적으로 국내외 핫한 F&B 브랜드들이 많이 입점해 있으며, 문화예술을 지향하는 공항답게 공항의 내외부에는 다양한 작품들이 전시돼 있고, 공연과 같은 문화 콘텐츠도 상당히 많이 있었다. 더욱이 T2는 T1보다 층고를 20% 더 높여 시원한 개방감을 가지고 있으며, 공항 건물 자체만으로도 다양한 건축상을 수상할 만큼 뛰어난 건축미가 있는 공간이었다. 곳곳에 위치해 있는 조경공간 또한 대규모 스케일로 인해 여타 공간과는 차별화된 경험을 제공해 주기에 충분했다. 장기화되고 있는 코로나19로 심신이 많이 지친 현대인들에게 여행의 설렘과 더불어 공항 자체만이 가지고 있는 매력을 표현하는 것도 충분히 의미 있을 것이라는 생각이 들었다. 힐링을 갈망하고 즐길 거리를 찾아다니는 현대인들에게 이 정도의 인프라는 경유지가 아닌 목적지로서의 매력이 충분한 곳이었다.

따라서 '여행의 설렘을 자극하면서도 목적지로서의 색다른 매력을 전달한다'를 이번 영상의 미션으로 정해봤다. 영상을 보고 당장 공항으로 오지는 못하더라도, 색다른 공항의 매력을 어필함으로 그들의 여행 목적지 Wish List에 인천공항이 포함되기를 바라는 마음이었다. 타깃은 영상의 바이럴 확산에 가장 적합한 MZ세대로 설정하고, 그들에게 어필이 될 만한 신선한 방식의 영상을 만들기로 했다. TV에서 애국가가 나올 때 등장할 법한 '구름이 산맥을 넘어가는' 고전적 방식의 멋짐은 완전히 탈피하기로 했다. '여행이 부여하는 설렘, 공항의 넓은 공간감, 그리고 그 속에 담긴 다양한 콘텐츠' 이것을 어떤 방식으로 엮어낼 수 있을까를 MZ세대들의 관심사와 엮어 고민하던 중, 그들의 레포츠, 그중에서도 자유로움, 일탈의 상징으로 표현되는 스케이트보드를 접목해 보자는 생각에 도달했다. 특히 지금은 코로나로 인해 공항이 상당히 한적한 상황이라, 스케이트보드로 공항을 표현할 수 있는 유일한 기회이기도 했다. 또한 스케이트보드를 타고 공항을 소개해 본 적은 한 번도 없기에, 표현방식 또한 신선했다. 이런 접근 방식에 대해 광고주와 합의한 후, 바로 적합한 보더를 찾아 나섰다. 요즘은 다양한 컬래버가 활발한 만큼, 유튜브의 인플루언서도 유심히 살펴봤는데, 우리의 눈에 롱보드로 유명한, 일명 '롱보드 여신' 고효주 씨(이하 고효주)가 눈에 띄었다. 고효주는 국내보다 해외에서 더 주목을 받는 보더로 이름이 나 있었으며, 단순히 보드를 잘 타는 것을 뛰어넘어 역동적이면서도 우아한 롱보드 댄싱으로 유명했다. 공항을 표현하는 데 있어 다양한 매력을 더욱 풍성하게 표현할 수 있는 최적의 아티스트로 판단됐다. 그녀를 우리의 One Pick으로 낙점하고 바로 섭외에 들어갔다. 이윽고 우리는 긍정적 수락을 얻어내었고, 캐스팅까지 신속하게 완료됐다.

영상의 목적은 명확했다. 다양한 문화예술 콘텐츠, 아름다운 건축·조경 View Point를 가지고 있는 인천공항의 모습을, 예술성을 겸비한 롱보드 라이딩을 통해 소개함으로써 세련되고 감각적인 목적지로서의 인천공항을 소

개하는 것이었다. 우리는 공항을 크게 문화예술 관점과 건축·조경 관점으로 스폿을 선정했고, 특히 코로나19로 일상에 지친 타깃에게 여행의 설렘과 힐링의 감성을 함께 부여할 수 있도록 활주로까지 포함시키는 것으로 결정했다. 이윽고 스폿 선정을 위해 진행된 수차례의 현장답사, 그리고 촬영 승인을 위한 여러 관계 부서와의 협의, 고효준 님과의 라이딩 동선 협의 및 촬영 앵글 정리까지 촬영에 필요한 여러 사항들이 긴박하게 협의, 정리됐고, 영상의 콘티와 촬영 스케줄까지 모두 확정됐다. 공항 공간감에 대한 입체적 표현, 롱보드 라이딩의 속도감과 리드미컬한 템포를 구현하기 위해 드론도 촬영에 투입하는 것으로 결정됐다. 의상 및 소품 또한 여행의 캐주얼함과 한국적 문화를 소개하는 각각의 신(Scene)에 따라 컬러와 스타일을 다르게 구성했다.

이제는 촬영이었다. 촬영 예정일 전후로 연무 즉, 시계가 뿌연 날이 많아 다소 걱정이 됐다. 특히 스케이트보드 활주로 라이딩 신은 인천공항 최초로 시도되는 신이었기에 기상상황은 그 어떤 촬영보다 중요한 요소였다. 하루 전에도 예보는 여전히 연무의 가능성을 유지하고 있었다. 이제는 운명에 맡기는 수밖에 없었다. 그렇게 촬영 당일이 됐다. 아침에 일어나자마자 확인한 하늘. 특히 인천공항의 하늘은 더없이 맑았다. 시작부터 예감이 좋았다. 아침 6시 30분의 스탠바이 일정에 맞춰 촬영팀, 아티스트팀, 공항공사 홍보팀 등 촬영과 관련된 다수의 관계자가 모였다. 그렇게 촬영은 시작됐다. 라이딩의 팔로우를 위한 드론 촬영, 전동휠 촬영에는 호흡을 맞추기 위한 시간이 필요했지만, 큰 문제 없이 진행됐다. 항공기 이착륙과 함께 진행되는 활주로 신은 비행기 편수가 많지 않아, 촬영팀 모두가 활주로를 바라보며 비행기가 뜨기 만을 하염없이 기다리기도 했다. 그렇게 진행된 촬영은 저녁 9시에 모두 정상적으로 마무리됐다.

편집과 후반작업 이후 공개된 'Longboard Riding at Incheon Airport' 홍보영상에 대해 온라인에서의 반응은 상당히 뜨거웠다. 인천공항 SNS 채널과 고효주의 유튜브 채널 모두에서 신선한 관점의 공항소개, 롱보드와 공항의 컬래버가 굉장히 멋지다는 호평이 이어졌다. 비록 당장 공항의 방문을 이끌어내는 역할을 하지는 못하지만 대한민국을 대표하는 공간을 새롭게 포장해 선보였다는 점에서 상당히 의미 있는 작업이었다.

미래의 여행플랫폼, OTA

글 **Gary Cheng**
- 現 Klook Director
- 前 트립어드바이저, 홍콩관광청, Procter & Gamble

나는 내가 어떠한 직업을 갖고 싶은지에 대한 확고한 신념 없이 대학을 졸업했다. 그래서 가장 일반적인 방법인 인지도 있는 유명 기업에서의 교내 채용에 응시했고, 내 경력에 대한 적절한 포장과 운이 함께 따라줘 Procter & Gamble(프록터 & 갬블)의 보조 브랜드 매니저로 채용됐다. 그렇게 나의 마케터로서의 경력이 시작됐고 마케팅과 사업 전략에 대한 교육과 훈련을 받게 됐다. 12년이라는 긴 세월 동안 몇몇 회사에서 여러 가지 마케팅 역할을 맡았던 나는 헤드헌터로부터 홍콩 관광청(HKTB)으로의 이직을 권유받았고, 그렇게 나는 관광산업에 종사하게 됐다.

관광은 마케터인 나에게 있어 꿈의 상품이다. 우선 관광이라는 상품은 다른 상품에 비해 무한한 잠재력을 가지고 있다. P&G 재직 시 내가 관리했던 샴푸 브랜드 제품들은 한정된 브랜드 수와 함께 혁신을 이뤄낼 수 있는 분야가 제한적이었다. 그러나 여행에 있어서는 무수히 많은 방법으로 다양한 여행 경험을 혁신하고 포지셔닝할 수 있는 방법이 있다. 내가 관광산업에 대해 좋아하는 또 다른 이유는 여행이 사람들의 삶에 미치는 영향이 적지 않다는 점이고, 마지막으로 관광은 내게 IT산업과의 연결점을 제공해 줬다.

관광은 우리의 삶에서 IT가 상당히 많이 접목되는 몇 안 되는 산업 중 하나다. 우리가 해외에 있을 때 얼마나 많은 앱을 사용하고 있는지만 상상해 봐도 알 수 있을 것이다. 우리가 새로운 경험을 찾고자 새로운 곳에 있을 때 IT기술은 다양한 기회를 제공해 줄 수 있다.

홍콩관광청에서의 나의 역할은 다양한 온라인 여행사(OTA) 및 디지털 여행 플랫폼과 마케팅 파트너십을 맺는 것이었다. 그때 나는 디지털 공간과 기술이 얼마나 깊이 여행 산업에 침투해왔는지를 파악할 수 있었고 언젠가는 나도 IT기업에서 혁신의 최전선에 서리라고 결심하게 됐다. 돌이켜보면, DMO(Destination Marketing Organization)에서 일했던 경험은 업계 내의 다양한 이해관계자와 협업하고 네트워크를 쌓을 수 있는 좋은 기회였다. 기본적으로 DMO는 여행과 관련된 항공, 호텔, 여행사, OTA, 여행 매체 등 다양한 부문과 협력해야 한다. 이러한 DMO의 특성에 기인, 나는 미래의 나의 고용주가 될 사람들을, 홍콩 관광청에 재직하면서 알게 된 것이다.

　매우 운 좋게, 나는 여행업계 최고의 테크 기업 중 하나인 트립어드바이저에 입사할 기회를 얻었다. 나의 임무는 아시아·태평양에서 다양한 DMO와 파트너십을 구축하는 것이었다. 내 커리어에서 처음으로 영업·세일즈를 시작한 것이었다. 영업·세일즈라는 새로운 업무를 통해 나는 커뮤니케이션과 비즈니스 관계 관리에 대해 많은 것을 배울 수 있었고, 나는 아직도 트립어드바이저 영업·세일즈 담당자로서 첫 여행 무역 박람회에서 여러 DMO에게 명함을 건네주려고 얼마나 떨었는지 생생히 기억한다. '수많은 연습은 완벽을 만들어낸다'라는 말처럼 시간이 흐르면서 나는 새로운 거래처와 협상과 대화하는 스킬이 늘었고, 어느 날 문득 내가 마케팅보다도 영업·세일즈를 더욱 즐긴다는 것을 알 수 있었다. 나는 다양한 문화권의 다양한 사람들과 만나고 교류하며 비즈니스를 창출해야 했고 그들과의 원활한 협상과 거래를 위해 빠르게 그들의 문화를 익히고 전략을 짜야 했다. 개인적으로 이러한 다이내믹한 삶이 좋았지만 때로는 DMO들과의 긴 협상과 절차에 나의 인내심을 시험해야 했다. DMO들은 대부분 공공기관으로 따라야 할 규정과 절차가 많았으며, 때로는 적법한 담당자를 찾아내는 게 어려웠다. 그럼에도 불구하고 파트너십 계약을 체결했을 때의 흥분과 이때의 아드레날린의 분출은 결코 잊을 수 없는 기억이며 이러한 성취가 일을 지속하게 해주는 원동력이었다.

　트립어드바이저에서 3년 반을 보낸 후, 나는 KLOOK에서 DMO 파트너십 팀을 꾸릴 수 있는 책임자로 스카우트되는 영광을 누렸다. KLOOK은 여

행업계에서 빠르게 성장하는 기술 스타트업으로 나는 공동 창업자와 넘치는 패기의 젊은 직원들과 함께 일할 수 있는 기회를 가져, 말 그대로 내가 꿈꿔 왔던 꿈을 이뤘다. 초기에는 KLOOK의 새로운 문화에 적응하고 KLOOK 내에 새로운 기능을 구축하는 작업이 다소 힘들었다. 대내외 이해관계자들에게 DMO와 긴밀히 협력해야 하는 당위성에 대해 설득해야 함과 동시에 동료들이 직면하고 있는 어려움 또한 이해해야 했다. 나는 언제나 열린 소통과 창의력을 통해 쌍방이 더 많은 것을 얻을 수 있는 원윈하는 방법이 있다고 믿었으며, 시간이 흐름에 따라 우리 팀이 이것을 증명해 나갔다. 사내에서 팀이 점점 성장하고, 주변 사람들이 우리 일에 대해 이해하고 감사하기 시작하는 것을 피부로 느끼며 진정 스타트업에서의 성취감을 맛봤다. 회사의 젊고 대담한 조직문화 또한 내 일을 매우 즐겁고 의미 있게 만들었다. 무엇보다 사내 정치와 권위주의가 없어 좋다. KLOOK의 성장을 촉진하기 위해 직원들이 이니셔티브를 취하는 행동은 항상 장려됐고 회사에서도 감사하게 여겼다. 나 또한 항상 경계를 허물고, 앞장서고, 목소리를 내고, 내가 믿는 이니셔티브를 추진하도록 격려 받는 역동적인 환경에서 일하는 것이 즐겁다. 다른 사람들의 눈에는 불가능해 보이는 것을 성취하기 위해 젊고 활기찬 팀과 함께 일하는 것은 나의 매일을 가치있게 만들어주며 무엇보다 내가 하는 일이 여행을 훨씬 제약 없이 즐길 수 있도록 만들고 있다는 사실에 의미를 느낀다. 물론 단점도 존재한다. 스타트업이자 빠르게 성장하는 기업이라는 것이 때로는 우리를 도울 수 있는 도구, 구조, 시스템, 프로세스를 갖추지 못한 경우도 있다는 것을 의미한다. 회사가 경쟁 환경에 적응하기 위해 매우 민첩하게 움직여야 하지만 조직이 빠르게 커 나갈수록 더 많은 기능과 복합성이 추가돼 어려움이 있는 것도 사실이다. 이러한 역동성과 성장성이 도전적이기는 하지만 나의 열정을 불러일으켜줌과 동시에 나를 행복하게 만들어준다.

II

도시 · MICE

종합선물세트, MICE

'MICE'. 경기관광공사에서 내가 수행했던 다양한 업무 중에 단연 제일 오랜 기간 담당했던 업무이자 지금 현재 수원컨벤션센터에서도 담당하고 있는 업무다. MICE는 어떻게 보면 나의 직장이자 직업을 제공한 산업이고 앞으로도 나와 쭉 함께할 산업이라고 생각한다. 전에도 그랬지만 지금까지도 MICE는 내게 설렘과 애착을 주는 단어다. 코로나19로 인해 잠시 주춤하고 있지만, MICE가 다시 상공할 날이 곧 올 거라고 굳게 믿는다.

MICE는 Meetings(회의), Incentives(인센티브 관광), Conventions(컨벤션), Exhibitions(전시)를 포괄하는 용어로 싱가포르, 호주, 홍콩 등 아시아·태평양에 위치한 국가들이 주를 이뤘으나, 지금은 태국, 대만 등 많은 국가에서 통용되는 용어며 Business Event와 혼용돼 사용되기도 한다.

MICE는 회의장소 및 시설·숙박·교통·쇼핑·관광 등 여러 분야에 영향을 미치는 융복합 비즈니스 트래블로 개최지역과 국가에 경제적·사회문화적·정치적·관광적 측면에서 큰 영향을 미치기 때문에 종합선물세트라고 불린다.

경기관광공사 재직 시 운이 좋게도 나는 MICE의 각 분야인 Meetings(회의), Incentives(인센티브 관광), Conventions(컨벤션), Exhibitions(전시)를 모두 다룰 수 있는 기회가 있었다. 경기관광공사 내 별도 조직으로 운영됐던 경기컨벤션뷰로는 국제회의와 기업회의의 유치와 개최, 그리고 인센티브 관광과 전시회의 유치와 개최를 모두 수행하고 있었다.

우리나라의 경우 2000년 이전에는 국제회의에 있어 인지도가 미약했지만 2000년 ASEM 회의, 2005년 APEC 회의, 2010년 G20 회의, 2012년 핵안보 정상회의, 2019년 한·아세안 특별정상회의 등을 통해 국제회의 목적지로서 인지도를 쌓았으며, 지금은 UIA(국제협회연합), ICCA(국제컨벤션협회) 기준으로도 국제회의 개최에 있어 매년 상위권에 랭크되고 있다.

국제회의는 복합성 및 타 산업에 미치는 파급효과가 매우 크다는 특징이 있다. 관광적인 측면에 있어서 국제회의 참가자들은 일반 관광객보다 약 2배의 지출을 하고 있으며 평균 체류일수도 더 길고 계절 변화의 영향을 적게 받으므로 관광 비수기 타개책으로는 최고다. 방문객 경제를 넘어 국제회의는 해당 도시의 브랜드 제고, 지식 전이를 통한 전문성 제고, 연구개발 촉진, 우수 인재 확보, 사회적·관계적 자산 확보 및 일자리 창출 등의 다양한 파급 효과들을 창출하고 있다.

이러한 여러 가지 효과 때문에 전 세계 도시들이 국제회의 유치를 위해 치열하게 경쟁하고 있으며 한정된 숫자의 국제회의를 두고 경쟁은 나날이 더 심화되는 중이다. 각 도시별로 국제회의 유치를 위해 최전선에 있는 전담조직이 컨벤션뷰로(CVB)며 현재 우리나라에는 서울, 부산, 제주, 대구, 광주, 인천, 경주, 경남, 경기, 고양, 수원, 울산 등의 도시들이 컨벤션뷰로를 운영하고 있고 전국적으로 더 늘어나고 있는 추세다.

경기컨벤션뷰로에서 국제회의 유치를 담당했던 나는 3년간의 고생 끝에 Havard World Model United Nation(WorldMUN)을 유치할 수 있었다. WorldMUN은 미국 하버드대학교와 전 세계 우수한 학생들의 협력 아래 매년 다른 국가에서 개최되는 '세계 모의유엔의 올림픽'이라 자부할 수 있는 국제회의다. 전 세계 2,500명의 학생이 참가하고 〈TIME〉지와 같은 세계 유수 언론이 극찬하는 세계 최대 규모의 국제 모의유엔회의로, 반롬파위 전 유엔상임의장, 줄리아길러드 전 호주 총리 등이 연사로 참여한 바 있다. 나는 한국외국어대학교와 함께 넘치는 의욕과 패기로 시작한 첫 도전에서 호주 멜버른에 패하고 두 번째 도전에서는 벨기에의 브뤼셀에 패했다. 내로라하는 쟁쟁한 도시들과의 경쟁에서 나는 주눅 들기 시작했고 국제회의 유치의 살벌한 경쟁을 피부로 느꼈다. 하지만 이대로 포기할 수는 없지 않은가? 좌절하고 있던 나에게 한국외대 유치단과 제안 Venue였던 KINTEX, 그리고 유관기관들의 독려로 우리는 다시 한번 의기투합해 2014년 이탈리아 로마, 남아프리카공화국 케이트타운 등의 도시들과 경합 끝에 유치에 성공할 수 있었다. 유치했을 때의 그 짜릿한 쾌감과 2015년 실제 개최 시의 감동이 지금의 내가 계속 MICE산업에 남아 열정적으로 일할 수 있는 큰 동기였던 거 같다.

2016년 수원시와 함께 개최한 '지속가능관광 국제회의(Global Sustainable Tourism Conference)' 또한 국제회의에 있어 나를 한층 더 성장시켜 준 회의였다. 그동안 컨벤션뷰로에서 유치업무에 집중했던 나는 이번 회의를 통해 국제회의의 실질적 기획 및 운영, 개최 전반에 대해 경험해 볼 수 있었다. UNWTO, ICCA, 관광청, 해외컨벤션뷰로 등 연사 섭외부터 행사장 세팅, 홍보물 제작 및 배포, 온·오프라인 홍보, 투어프로그램 운영 등 하나하나 기획과 운영을 해나가며 진정한 PCO업무도 할 수 있었다. 많이 고되고 힘들었지만 실제 회의가 개최될 때와 마무리될 때의 벅찬 감동은 지금도 잊을 수 없다.

코로나19로 2020~2021년에는 올 스톱 됐지만, 인센티브 관광은 MICE를 이루는 하나의 축으로서 중국과 동남아시아를 대상으로 2010년대에 최고의 전성기를 누렸다. 인센티브 관광은 높은 수익성을 가진 고부가가치 분야로 관광산업의 블루오션, 오아시스라고 불린다. 인센티브 관광은 기업이 직원들에게 제공하는 포상적 성격의 여행으로서 업무의 성과와 효율을 높이고 직무 동기를 유발하는 데 목적을 둔 일종의 경영도구로 여행의 비용을 여행자가 아닌 기업이 지불하는 특징이 있다. 인센티브 관광은 여행사들이 내놓는 일반적인 상품을 구입하는 것이 아니라 회사에서 제시하는 요건에 따라 여행사들이 상품을 구성하는 형식을 취하며 이에 따라 수요자인 기업의 취향이 강하게 반영된다.

경기관광공사 재직 시 인센티브 관광 붐에 편승해 중국과 동남아를 대상으로 공격적으로 세일즈·영업을 했던 기억이 지금도 생생하다. 한류와 함께 경제적 성장을 바탕으로 한 한국의 브랜드 이미지에 힘입어 중국과 동남아의 인센티브 관광 목적지로 한국이 자주 거론됐으며 다양한 관광지와 국내 유수의 기업이 위치한 경기도의 강점을 내세워 여러 인센티브 단체를 유치할 수 있었다. 특히 기억에 남는 단체로 인도네시아 가루다항공과 중국의 YOFOTO가 있다. 경기도의 다양한 관광지 중 전 세계 유일무이의, 우리에

겐 아픔의 기억인 DMZ는 모두에게 전쟁과 평화라는 상징성을 가지고 있으며 실제 DMZ 철책선을 따라 걷는 기회가 흔하지는 않다. 이에 나는 DMZ 걷기와 자전거 투어를 테마로 잡아 중국과 동남아에 어필했고 이 전략이 관심을 끌어 인센티브 단체 유치에 성공할 수 있었다. 보이지 않는 곳에서 군부대와 협조를 이끌어내야 했고 또한 교통과 숙박, 음식문제의 해결에 있어 쉽지 않은 과정이 있었지만 관계기관들의 적극적인 협력을 바탕으로 행사를 성공리에 치를 수 있었다.

우리나라에 유치된 최대 규모의 인센티브 단체는 단연 2014년 방한한 중국 암웨이 단체다. 총 1만 8,000여 명이 크루즈를 타고 제주, 부산, 여수를 방문했으며 우리나라의 전통시장을 방문하고 토산품 판매 등을 통해 관광수입 창출과 함께 지역경제에 미친 파급효과가 적지 않았다. 준비과정에서 크루즈 접안 문제부터 대규모 인원의 이동에 대한 동선 문제 등 여러 현안에 대해 한국관광공사, 항만공사, 지자체들이 똘똘 뭉쳐 협업한 노력과 당시 중·일 관계 악화에 따른 한국으로의 단독 방문 등 운도 따랐다. 암웨이 단체를 유치하기 위해 경기관광공사도 평택항, DMZ, 파주프리미엄아울렛·롯데프리미엄아울렛 등을 활용한 특색 있는 코스를 제안했으나 크루즈의 접안 문제와 남쪽 해안 도시들의 파격적인 공세에 뜻을 이루지는 못했었다.

국제회의와 함께 대규모 참가자를 불러 모아 지역경제에 큰 영향을 미치는 MICE의 또 다른 기둥이 전시회다. 이제는 관련 업계 종사자뿐만 아니라 MICE 업계 관계자들에게도 이슈가 되는 전시회가 CES(Consumer Electronics Show)와 MWC(Mobile World Congress)다. CES는 세계 최대 규모의 전자제품 박람회로 코로나19 이전 2018년 참가 규모는 18만

2,198명, 이중 해외 참가자는 6만 3,784명이었다. CES가 개최될 때면 하루 150~300달러 하는 호텔이 400~800달러까지 가격이 오르며 그럼에도 주요 호텔은 일찍이 만실이 된다. 라스베이거스에서는 CES의 경제적 효과가 2억 9,000만 달러 이상이라고 한다. '모바일 올림픽'이라고도 불리는 MWC도 마찬가지로 코로나19 이전 10만 명 이상, 이중 해외참관객이 8만 명 이상 참가하는 대규모 전시회로 스페인·바르셀로나를 대표하는 전시회이자 바르셀로나와 인근 지역에 큰 관광수입을 안기는 효자다.

하지만 전시회는 이러한 지역경제파급효과 이외에도 무역과 수출의 견인차이자 지식교류의 장으로서 매우 중요한 역할을 한다. 전시회는 단순히 부스 참여뿐만 아니라 컨퍼런스, 제품발표회, 바이어 미팅, 기업행사, 관광 등 오프라인의 마케팅 활동을 모두 모아놓은 종합마케팅 플랫폼이라고 봐도 좋다. 참가자들은 관련 산업의 트렌드를 누구보다 빨리 습득할 수 있으며 관련 기관 및 주요 바이어도 짧은 기간 안에 만나서 교류할 수 있다.

경기관광공사 재직 시 나에게도 KINTEX와 협업해 'Gastech 2014'와 '아시아 파워 위크 2016'를 유치·개최 지원할 수 있는 기회가 있었다. Gastech은 세계가스총회(WGC), LNG컨퍼런스와 함께 세계 3대 국제가스 행사 중 하나로 쉘, 엑슨모빌, 셰브런, BG 그룹 등 오일 메이저, 가스프롬과 같은 국영 석유가스사, 관련 기구 등 44개국 383개 기업 1만 5,000여 명이 참여했다. 에너지·발전 산업 행사인 아시아 파워 위크에는 75개국에서 8,300명 이상이 참가했으며 50개 이상의 컨퍼런스 세션이 함께 진행됐다. 눈앞에서 이러한 대규모 전시회를 직접 보고 담당자로서 유치 및 개최 지원에 참여하게 돼 개인적으로 정말 소중한 경험이었고 전시회의 힘을 피부로 직접 실감할 수 있었다. 또한 대규모의 성공적인 전시회로 성장하기까지 주최사들의 노고와 열정에 감복하지 않을 수 없었다. 지금 재직하고 있는 수원컨벤션센터에서 K-Toilet & Water Cycle 전시회를 직접 기획하고 운영하면서 전시회 개최를 위한 준비사항과 부스유치 영업, 그리고 참관객 모객까지 신규 전시회 육성의 고됨과 힘겨움을 다시 한번 느끼고 있어, 전시주최자들이 진심으로 존경스럽고 또한 오프라인 플랫폼으로서 지속적으로 발전해 나갔으면 한다.

기업회의 또한 꾸준히 국제적으로 개최되고 있으며 삼성전자, 현대자동차, LG, POSCO 등 대기업에서 1,000명 이상의 단위로 개최하는 회의도 많다. 특히 2010년대에 들어 IT기업들의 성장과 함께 IT기업에서 주최하는 회의들이 늘어나고 있다. 하지만 기업회의의 경우 학/협회 회의와 달리 공식적인 루트를 통한 유치도 있지만 많은 부분 기업의 담당 팀과 결정권자에 의해 개최지가 결정되며 이 과정에서 대행사 또는 PCO의 역할도 크다. 경기관광공사 재직 시 LG전자, Bell 등의 기업회의를 경기도 소재 주요 Venue들과 협업해 유치한 경험이 있었으며 기업회의의 경우 때로는 예산적 메리트보다는 그 외의 요인이 더 중요한 경우가 많음을 깨달았다. 지금 수원컨벤션센터에서도 코로나19로 고전하고는 있지만 여러 기업회의 유치를 추진 중에 있으며 기업회의의 경우 대체로 개최지를 한번 선정하고 나면 개최지를 옮기는 경우가 드물기에 더욱 심혈을 기울이고 있다.

제안서_ WorldMUN

MICE는 사람과 사람이 만나 힘과 에너지를 만드는 산업이며 그렇기에 더욱 흥미롭고 재미있다. 나는 지식을 쌓고 성장하며 삶을 변화시킬 수 있는 가장 좋은 교재는 '사람'이라고 생각한다. MICE는 이러한 측면에서 '연결'을 이뤄내는 플랫폼이자 사람과 산업, 그리고 도시와 국가를 변혁시킬 수 있는 골든 키라고 믿어 의심치 않는다.

WorldMUN

Yofoto 인센티브 관광

대기업 해외영업·마케팅 직군도 부러워하는
Hidden 민간 외교관, MICE러
– MICE 전문가 : PCO, DMC, CVB

나는 첫 직장인 경기관광공사에서 MICE, 해외 관광마케팅, 관광홍보, 경영지원 등 다양한 업무를 해볼 수 있는 기회가 있었다. 여러 업무가 모두 흥미 있고 보람 있었지만 내가 가장 오랜 기간 근무했던 분야와 애착이 갔던 분야는 단연 MICE였다. 나는 관광을 전공하지 않았을뿐더러 처음에는 MICE라는 용어조차 생소했다. 업무에 뒤처지지 않기 위해, 그리고 유관기관 관계자 미팅 시 주눅 들지 않기 위해 나름대로 관련 서적과 자료도 찾아서 읽고 선배들에게 조언도 얻어가며 MICE의 구조와 생태계에 대해서 조금씩 배워나갔다. 또한, 실제 업무를 하면서 책이나 자료에는 나오지 않는 협상과 인적 네트워크 구축의 중요성과 기능 등 실무를 하면서 만이 경험할 수 있는 것들을 하나하나 익혀나갔다.

MICE산업은 글로벌을 지향하고 있으며 목적을 가진 교류와 이동을 기반으로 하고 있는 산업으로서 태생부터 글로벌 산업이라고 볼 수 있다. MICE 안에서의 다양한 활동과 임무 수행을 위해서는 국제업무를 수행할 수 있는 기본 능력과 함께 글로벌 마인드를 함양해야 한다. 업무 조반에 MICE에 대한 이해가 낮았던 나는 해외에서 밀려오는 팸투어, 그리고 수시로 해외에서 오는 이메일과 전화, MICE 유치를 위한 해외 출장과 설명회 등에서 자주 진땀을 흘려야 했다. 바이어들의 질문은 단순한 경기도의 MICE 인프라에 관한 것이 아닌 실제 우리가 제공할 수 있는 인적 서비스와 차별화된 콘텐츠, 그리고 가격경쟁력 등 세세한 정보들을 원했다. 그들의 니즈를 충족시키고 실질적인 MICE 유치를 위해 정말 열심히 연구·조사하고 경쟁력을 키워나갈 수밖에 없었다. 수많은 취업준비생이 글로벌 전문가를 꿈꾸며 대기업의 해외영업과 해외마케팅 직군을 지원하지만, 나는 개인적으로 MICE분야에서 글로벌 전문성을 가장 잘 키울 수 있다고 생각한다.

MICE산업을 구성하는 여러 Key Player 중 PCO, CVB, DMC는 그 역할과 기능을 볼 때 민간 외교관이라고 간주할 수 있다. PCO(Professional Convention Organizer)는 국제회의 기획사로 국제회의를 기획·운영하며 준비부터 개최까지 실무를 총괄하면서 연사들과 직접 연락하고 참가자의 원활한 등록과 참가를 이끌어낸다. 우리가 잘 알고 있는 'G20 서울 정상회의'와 '서울 핵안보정상회의' 모두 PCO 인터컴에서 실무 총괄했던 행사로, 인터컴은 행사장 조성, 호텔예약, 공항 영접, 본 행사와 부대행사 준비 등 회의에 관한 일체의 업무를 담당했다.

2021년 10월 28일에서 30일까지 송도컨벤시아 일대에서 개최됐던 '제5차 유네스코 학습도시 국제회의'와 2021년 10월 5일부터 8일까지 수원컨벤션센터에서 개최된 '제4차 아시아·태평양 환경장관포럼'은 PCO 이오컨벡스에서 각국 정부의 장·차관, 국제기구 관계자와 함께 가장 최전선에서 회의를 준비하며 성공적인 행사를 이끌었다.

PCO는 국제회의 유치에서부터 홍보, 연락업무, 호텔예약, 교통·수송편 확보, 연회행사 준비 등을 수행한다. 행사를 진행하면서 세계 각국의 정상들과 유명 기업의 CEO들을 직접 만나볼 수 있는 기회도 주어지며 국제기구를 비롯해 각국의 다양한 기관·단체들과 소통할 수 있는 기회도 많다. 국제회의에 참가하는 고위직 관리자나 기업 간부들은 행사 때 다양한 이해관계자와 교류하며 비즈니스를 창출하지만, 참가 준비부터 행사 개최 시, 그리고 행사 후의 다양한 제반 사항(항공, 교통, 숙박, 음식, 관광)은 실제 PCO와 소통한다. 어떻게 보면 참가자가 국제회의 참가 시 가장 밀접하고 빈번하게 접촉하는 상대방은 PCO다. PCO는 참가자들에게 한국에 대한 첫인상을 심어주고, 행사 후 이미지까지 책임지게 되는 것이다.

PCO와 함께 국제회의와 관련해 또 다른 민간외교관은 내가 속했던 컨벤션뷰로(CVB)다. CVB는 국제회의 전담기구로 국제회의 유치와 도시마케팅을 주 업무로 수행하고 있다. 자국의 도시와 Venue로 국제회의를 유치하기 위해 CVB는 국제회의 개최지를 결정하는 의사결정자를 대상으로 홍보·마케팅을 펼치며 다양한 이해관계자를 설득하는 작업을 수행한다. CVB는 도시를 대표해 도시를 홍보하고 국제회의 유치를 위한 첨병 역할을 한다. 우리나라 CVB는 대부분 공공기관으로 사업의 공적인 영역이 많으나, 그렇다고 공식적으로 우리나라 외교를 담당하는 기관으로는 볼 수 없기에 민간외교관으로 볼 수 있다.

마지막으로 DMC(Destination Management Company)를 꼽을 수 있다. DMC는 인센티브 투어를 목적으로 방문하는 고객을 대상으로 맞춤형 경험

만족을 제공하는 기업이며 현지 개최지 장소(Destination)의 모든 요소를 관리한다. 그렇기에 DMC는 지역의 다양한 관광자원, 교통, F&B, 쇼핑, 산업시찰 등의 전반적인 사항에 대한 전문적인 지식과 네트워크를 가지고 창의적이고 전체적인 개최지 프로그램을 설계하며 실행한다. 해외 고객(여행자)과 최전선에서 마주하는 DMC야말로 민간 외교관이다.

PCO, CVB, DMC는 모두 MICE산업을 구성하는 중추적인 역할을 하는 Key Player로서 한국 MICE·관광산업을 마케팅하고 신시장 개척에도 직접 기여할 뿐만 아니라 제반 경제·사회 분야의 국제화 및 국위 선양에도 이바지한다. 국제회의 참가자는 대부분 해당국의 정치·경제·과학·기술·문화 등 관련 분야의 전문가로서 지도적인 위치에 있으므로 홍보 효과 및 경제교류 촉진에도 상당한 성과를 거둘 수 있다.

담당사업과 시장에 따라 다를 수 있으나, MICE를 구성하는 PCO, CVB, DMC는 그 어떤 산업분야와 비교해도 가장 국제적인 업무를 수행한다고 볼 수 있다. 기본적으로 신규 바이어 발굴과 함께 기존 거래선 관리를 위한 MICE박람회 및 로드쇼, 설명회 참가는 기본이고 때에 따라 타깃팅된 고객을 위한 해외출장도 많다. 전 세계 국가들과 도시들이 MICE 유치를 위해 총성 없는 전쟁을 치르고 있는 상황에서 고객과 대면으로 단 한 번만이라도 더 만나서 해당 도시와 Venue를 어필하기 위해, 담당자들은 전 세계를 누빈다. 개개인별로 다르지만, 담당자에 따라 1년에 기본적으로 2~3회는 기본이고 대부분 그 이상으로 해외출장이 많다.

하지만 글로벌한 화려함의 이면에는 시간적인 압박으로 인한 기내 랩톱 업무, 시차 적응의 고통, 유치를 위한 피 말리는 협상과 PT 등 살벌한 현실이 함께하고 있다. 나의 경우도 시차가 많이 나는 국가나 비즈니스 문화가 이질적인 국가에서 많은 고생을 하며 조금씩 적응해 나갔다.

글로벌 미팅 진행 시 PCO, CVB, DMC 담당자들은 멋진 정장을 입고 호텔 또는 컨벤션센터에서 미팅을 진행하며, 세계 각국의 유명 인사를 직접 만나볼 수 있는 기회도 많다. 무엇보다 MICE는 머릿속의 구상을 현실로 화려하게 체현시킬 수 있는 몇 안 되는 매력 있는 직업이다. 국제회의와 기업회의, 인센티브 관광을 통해 한국을 전 세계에 소개하고 한국문화를 전 세계로 마케팅하는 이들은 자신의 행동 하나하나가 우리나라의 이미지가 된다는 것에 누구보다 자부심을 가지고 있으며 책임감도 높다.

폼 나고 멋있는 직업적 이면에는 인내와 배려심, 잦은 야근이 있다. 다양한 분야와 파트를 조율해야 하기에 업무적인 로드와 함께 사람으로부터 오는 감정적인 스트레스도 많으며, 특히 국제회의 준비 시 민감한 의전서열, 지역과 국가별로 다른 문화와 종교적 특성 파악 등 다양한 방면을 두루 섭렵하고 완벽에 완벽을 기해야 한다.

PCO, DMC, CVB는 외교부 소속의 외교관, 대한무역투자진흥공사(KOTRA), 한국관광공사와 같이 널리 알려진 정부·공공기관은 아니지만, 관광·MICE 분야에서 한국을 대표해 우리나라를 홍보하고 비즈니스를 창출하고 있다. 국제기구와의 협력, 해외 바이어 미팅, 다양한 산업과의 연계를 이뤄내는 이들은 Hidden 민간외교관으로 오늘도 우리나라의 위상을 드높이고 있다.

고객과 최전선에서 마주하는 선봉장, 영맨!

내가 즐겨 보는 프로그램으로 '유퀴즈온더블록'과 '세상을 바꾸는 시간, 15분'이 있다. 다양한 직군의 사람들이 나오고 그들의 경험, 지혜, 인사이트를 나눠 주기 때문이다. 특히 그들의 레전드 에피소드를 듣고 있자면, 존경하지 않을 수 없게 된다.

21년 주류 업계 최초의 여성 영업 팀장인 유꽃비 씨가 유퀴즈온더블록에 출연해 다양한 에피소드와 영업직에 대한 이야기를 했다. 가장 화자됐던 에피소드는 '포항 소맥 아줌마' 모델 섭외 건이었다. 당시 포항 소맥 아줌마는 공중에서 병을 휘두르며 소주를 따르는 영상으로 유명했으며 이에 그녀를 롯데주류 SNS 모델로 '무조건, 반드시' 섭외하라는 지시가 있었다. 유꽃비 팀장은 그녀를 섭외하기 위해 포항으로 직접 내려가 설득 작업을 펼쳤으나 이미 경쟁사와 계약(구두 계약이지만)이 됐다며 거절당했다. 유꽃비 팀장은 이에 포기하지 않고, 이미 유명세로 북적북적한 가게 일을 도왔고 그 과정에서 소맥 아줌마의 따님을 포섭했다. 그 후 소맥아줌마와 그녀의 남편을 끈질기게 설득했고 롯데주류와 계약했을 때의 장점과 구체적인 방안들을 제시해 마침내 계약에 성공할 수 있었다(《프로일잘러》, 유꽃비 저).

이와 같은 여러 에피소드, 그리고 영업에 대한 그녀의 이야기와 열정에 공감을 넘어 존경심이 생겼고 동시에 영업직에 대해 다시 한번 생각해 보게 됐다.

2020년대는 마케팅의 시대라고 해도 과언이 아니다. 메타버스 마케팅, 굿즈 마케팅, 컬래버 마케팅, 세계관 마케팅 등 새롭고 다양한 방식이 시도되고 있으며 기존 마케팅 공식이 통하지 않는 일이 다수고, 고객 구매 여정도 깨졌다. 혹자는 지금이 혼돈의 시대라고도 하지만 동시에 마케팅 르네상스 시대이기도 하다.

이렇듯 마케팅이 주목받다 보니 구직자들은 기업 또는 공공기관의 마케팅 직군을 선호하게 되고 대학교에서도 마케팅은 경영학의 꽃으로 불린다. 하지만 고객과 최전선에서 마주하고 시장을 몸소 체험하며 기업에서 만든 제품과 서비스에 가치를 불어넣는 막중한 역할을 하는 것이 바로 영업·세일즈로, 이를 수행하는 이를 가리켜 '영맨'이라고 부른다.

영업·세일즈는 시장과 고객을 최전선에서 마주하는 영역으로 가치교환을 이뤄내는 핵심적 역할을 할 뿐만 아니라, 새로운 가치를 발굴·생성해 내기도 한다. 영업은 전략, 균형, 장기적 접근, 협업, 가치 중심의 고객 관계 등 통합적 사고와 고객에게 최고의 가치를 전달하는 깊이 있는 통찰이 필요하다.

그동안 영업은 단기적 실적 추구, 가격 게임, 사적인 인간관계라는 인식이 지배적이었지만, 실제 영업은 차별화된 가치를 고객에게 제공하는 것이며 단순 인간관계가 아닌 신뢰를 바탕으로 이뤄진다(《세일즈마스터》, 이장석 저).

국제회의 유치

내가 몸담고 있는 컨벤션뷰로(CVB)의 가장 중요한 기능 중 하나가 바로 국제회의 유치다. 국제회의 유치를 통해서 도시와 국가 인지도를 제고할 수 있을 뿐만 아니라, 국내외 참가자를 끌어들여 지역경제파급효과도 창출할 수 있다. 컨벤션뷰로 유치 담당자는 도시와 나라를 대표해서 주최자를 설득하는 최전방 영업직원이라고 할 수 있다. 담당자는 도시와 나라의 장점 및 특성을 주최자에게 설득력 있게 전달해야 할 뿐만 아니라 주최자에게 가치 창출을 제공할 수 있어야 한다. 또한 관계된 여러 이해관계 기관들을 조율하고 상호 윈윈할 수 있는 성과를 창출해야 한다. 국제회의 유치는 긴 호흡을 가지고 유치가 진행된다. 짧게는 1년에서 길게는 다년의 기간을 두고 진행되기에 담당자의 인내와 노력, 열정 없이는 유치하기가 쉽지 않다.

2015년 KINTEX에서 개최됐던 WorldMUN은 미국 하버드대학교와 전 세계 우수한 학생들의 협력 아래 매년 다른 국가에서 개최되는 '세계 모의유엔의 올림픽'이라 자부할 수 있는 국제회의다. 전 세계 2,500명의 학생이 참가하고 〈TIME〉 지와 같은 세계 유수 언론이 극찬하는 세계 최대 규모의 국제 모의유엔회의다. 나 또한 2012년부터 담당자로 지정돼 한국외국어대학교, KINTEX와 협업해 유치를 추진했다.

철저한 사전조사와 대한민국 KINTEX의 장점을 적극 어필했음에도 불구하고 2013년에는 호주 멜번, 2014년에는 벨기에 브뤼셀에 뼈아픈 패배를 당했다. 당황한 것도 잠시, 바로 패인을 분석한 후 타개책 제시를 위해 밤낮을 가리지 않았다.

2012년부터 WorldMUN 하버드사무국과의 지속적인 교류를 통해

WorldMUN 유치에 대한 의지를 적극적으로 표명했을 뿐만 아니라 2014년 브뤼셀 전차대회 때에는 한국 홍보관을 별도로 설치해 한국문화를 홍보함과 동시에 하버드사무국 학생들과의 교류를 넓혔다. 마침 전 세계적으로 가수 싸이의 '강남스타일'과 '별에서 온 그대'와 같은 K-드라마의 인기에 힘입어 K-콘텐츠와 한류 관광지를 활용에 참가자들에게 한국의 매력을 적극 어필했다.

이러한 전략적인 접근과 꾸준한 노력을 통해 2015년 개최지는 한국 KINTEX로 결정됐고, 한국외국어대학교와 KINTEX 담당자, 그리고 나는 지난 3년간의 노력과 인내에 대한 결과를 얻으며 쉽게 흥분을 가라앉힐 수 없었다.

2022년 10월, 전 세계에서 9000명 이상이 참가하는 세계임상병리사연 명 총 학술대회도 2020년 초부터 대한임상병리사협회 관계자 미팅, 제안서 작업, 팸투어, 세계 대의원 총회 PT 및 Q&A를 거쳐 경기도 수원으로 유치할 수 있었는데, 그 이전부터 경기관광공사와 함께 경기도 임상병리사회와의 꾸준하고 지속적인 교류가 있었기에 가능했다.

2024년 개최하는 세계생체재료학회는 4년 주기로 개최되는 60여 개국 3,500여 명이 참가하는 대형 글로벌 학술 이벤트다. 미국 샌프란시스코와 호주 멜버른, 일본 고베와의 경합 끝에 2016년 몬트리올 총회에서 최종 개최지로 우리나라 대구가 선정됐다. 대구 유치를 위해 여러 기관과 관계자들의 피땀 어린 노력이 있었지만, 무엇보다 최일선에서 유치작업을 진행한 대구컨벤션뷰로 팀장의 노고가 제일 컸다. 그녀는 세계생체재료학회를 오래전부터 대구에 유치해야 할 대형행사 후보리스트에 넣어뒀고, 평소 이와 관련해 꾸준히 관심을 가지고 자료를 수집해왔다. 그녀는 세계생체재료학회가 학술프로그램과 함께 개최지 특성을 살린 문화행사와 회원들의 교류를 위한 소셜 이벤트 등 다양한 구성을 중시하는 특성에 착안해 대구의 관광자원뿐만 아니라 안동 하회마을, 경주 불국사와 석굴암, 합천 해인사 등 인근지역의 문화적 매력을 느낄 수 있도록 준비했다. 브라질에 직접 유치활동을 하기 위해 장거리를 단숨에 날아갔고 투표권을 가진 대의원들을 대구로 초청하는 등 타 도시들과 비교해 부족한 브랜드 가치를 노력으로 채웠다.

전시회 영업

영업직원의 힘과 영향력이 가장 빛나는 분야 중 하나가 전시회 영업·세일즈다. 전시회 영업은 참가업체 유치 또는 부스판매라고 불리는데, 이는 전시회의 주요 수입원이자 전시회를 구성하는 핵심요소다.

경기관광공사 재직시절, '경기국제관광박람회'와 'Korea MICE Expo'의 전시영업을 해볼 수 있는 기회가 있었다. 경기국제관광박람회에서는 경기도와 자매결연을 맺고 있는 중국 도시들의 부스 유치를 담당했으며, 한국관광

　공사와 공동주관한 Korea MICE Expo에서는 한류 및 DMZ 관련 체험존 부스 유치를 담당했었다. 수원컨벤션센터에서는 'K-Toilet & Water' 전시회를 담당하면서 화장실 및 물순환 관련 공공기관·기업 부스 유치를 담당했었다.

　부스 유치 시 전시회의 이전 디렉토리북, 협회 회원사명부, 온라인 검색 등을 통해 DB를 구성하고 이를 상세화해 영업을 진행했다. 영업시 전시회 해당 산업에 대한 깊은 이해와 함께 산업의 최신 트렌드 및 이슈, 참가대상

업체들 간의 경쟁관계 등 산업에 대한 메커니즘도 꿰고 있어야 했다. 그렇지 않고서는 참가 업체로부터 전시회의 전문성과 신뢰성을 인정받기 힘들며 해당 전시회의 차별성을 어필하기 힘들기 때문이다. 초반에 이러한 사전조사와 산업 전반에 대한 이해 없이 피상적인 내용들만 가지고 영업을 진행했던 나는 여러 차례 식은땀을 흘려야 했다.

전시회 영업직원은 전시회의 성공적인 개최와 매출을 책임지는 중추적인 역할을 하고 있으며 역사가 깊은 전시회일수록 전시 영업직원과 참가 업체들 간의 유대감 형성을 통한 인적네트워크는 차기 전시회 참가에도 큰 영향을 미치게 된다(《한 권으로 배우는 전시회 기획》, KINTEX 저).

영업·세일즈는 MICE산업뿐만 아니라 여러 산업에서 필수적인 부분이다. 자동차 판매 영업, 대학교들의 국내외 학생 유치 영업, 금융사의 영업, 제약 영업 등 영업은 없어서는 안 되는 직군이다. 우리나라 주류 업계 최초의 여성 영업 팀장 유꽃비 씨의 영상과 책에서 볼 수 있듯, 영업직원은 적극성, 설득력, 대인관계, 스트레스 내성, 인내심 등을 갖춰야 한다. 영업직원은 신체적, 정신적으로 많이 힘들 수 있지만 유꽃비 팀장의 여러 에피소드에서 볼 수 있듯 그 어떤 직종보다 보람과 성취감을 느낄 수 있다.

영업은 고객과 최전선에서 소통하고 상품과 서비스의 반응을 직접 살펴볼 수 있는 첨병이다. '영맨'이라고도 불리는 영업·세일즈 직원은 오늘도 고객이 고민하는 만큼 고객의 이슈를 고민하며 하루를 시작한다.

MICE와 도시, 서로의 색을 입다

전 세계에서 무수히 개최되는 수많은 MICE 행사들. 다양한 주제와 다양한 방식의 행사 운영 및 진행으로 차별화를 두고 저만의 특색과 콘텐츠로 무장한다. 비슷한 주제의 유사 형식의 MICE도 많지만, 자세히 보면 모두 저만의 색깔이 있음을 알 수 있다.

글로벌 MICE 시장에서 그동안 MICE가 관광산업의 일부로 여겨지는 추세가 있었지만, 이제는 관광뿐만 아니라 도시 경제와 도시브랜딩의 지속가능한 성장 지표가 됐다. MICE 행사의 성격과 주제, 테마를 결정하는 주요한 요소는 바로 개최도시의 특성이다. 해당도시의 산업, 문화, 경제, 환경, 스포츠적 요소가 주최자들의 개최지 선정에 중요한 요소로 반영되며 실제 많은 MICE 행사들은 그 도시의 지역적 특성에 기반해 개최된다. 부산의 해양, 대전의 과학, 제주의 자연 등 지역의 이미지와 경쟁력을 토대로 한 MICE 행사들은 정체성 확립에 유리하며 지역과 세계의 연결고리로 활용하기에도 유리하다.

대한민국을 대표하는 랜드마크 중 하나가 DMZ다. DMZ는 역사·정치·사회적으로 많은 이슈들을 포함하고 있으며 남한과 북한 사이의 다리 역할을 하는 곳이다. DMZ가 위치한 곳은 남한에서는 경기도와 강원도, 인천이다. 이 세 지자체는 DMZ를 활용해 다양한 관광상품을 만들고 MICE 행사들을 개최하고 있다. 경기도가 주최하는 DMZ 포럼은 매년 KINTEX와 파주 일대에서 개최되며 '평화'와 '생태환경'을 주제로 2012년부터 개최되고 있다. 포럼이 DMZ 일대에서 개최됨으로써 포럼은 당위성을 얻고 지역의 특색을 가장 잘 담을 수 있다.

인천은 서울 다음으로 국제기구가 많은 도시로 유명하다. 인천은 2006년 UNESCAP 산하 UNAPCICT 설립 이후 14년간 녹색기후기금(GCF) 사무국, World Bank 한국사무소, 유엔 국제상거래법위원회 아태지역센터(UNCITRAL RCAP) 등 15개 이상의 국제기구를 유치했다. 또한 인천은 송도컨벤시아와 주변 호텔, 쇼핑센터 등의 인프라를 기반으로 2018년 국내 최초로 국제회의 복합지구로 지정됐다. 국제회의 복합지구 및 국제기구 메카로서 인천은 '국제기구-MICE 커리어페어'를 기획해, 국제기구 및 MICE분야에 취업을 원하는 학생들과 기관들 간의 1:1 채용상담, 국제기구·NGO 진출 설명회, 취업멘토링, 국제기구 모의면접 등의 프로그램을 운영, 구직자들에게 있어 제일 인기 있는 커리어페어 중의 하나로 각광받고 있다.

부산은 조선해양산업의 중심으로 포지셔닝돼 있고, 이에 기반한 여러 전시회 및 컨퍼런스가 개최되고 있다. KORMARINE은 부산을 대표하는 조선해양 전시회로 코로나19 이전 90개국 3만 5,000명 이상이 참관했다. 여기서 투자설명회, 각종 세미나 및 전문세션도 동시 개최됐다. 40년 이상의 역사를 가진 KORMARINE은 부산에 있어 큰 지역경제파급효과 뿐만 아니라 부산 조선해양산업의 국제적 네트워크 확대, 공동사업 진행 등 여러 비즈니스 기회도 창출하고 있다.

경주는 지붕 없는 박물관으로 불리며 신라 천년의 역사를 간직하고 있는 도시다. Crown City로도 불리며 불국사, 석굴암, 양동마을 등의 유네스코 세계문화유산을 보유하고 있다. 경주는 오랜 역사와 문화유적을 바탕으로 한 특성에 기반해 국내 유일의 문화재 박물관 전문전시회인 국제문화재산업전을 매년 개최하고 있다. 문화재 산업관을 주축으로 해 문화재 정책 워크숍, 문화재 잡페어 등의 부대행사를 개최, 명실상부한 대한민국 대표 전시회로 육성하고 있다. 더 나아가 경주는 우리나라 대표 유산도시로서 세계유산도시기구 아시아 태평양 지역 총회, 세계유산도시기구 세계총회를 유치하는 쾌거를 이뤘다.

제주도는 자연과 평화, 관광의 이미지로 전 국민에게 인지되고 있으며 이러한 이미지를 해외로도 뻗어나가기 위해 매년 제주포럼을 개최하고 있다. 제주포럼은 2001년 '제주평화포럼'이라는 명칭으로 한반도와 동아시아 지역의 평화를 추구하고 공동번영을 모색하기 위한 논의의 장으로 출범했다. 제주포럼은 전문가만이 참여하는 국한적인 포럼의 형태를 넘어 정·관계, 경제계, 학계, 언론계 등 다양한 분야의 전문가들이 참여할 뿐만 아니라 세계지도자들이 참여하는 것으로 유명하다. 이렇게 제주도는 전 세계를 대상으로 지역적 특성에 기반한 도시브랜딩을 진행하고 있으며, 이러한 기능을 강화하기 위해 제주평화연구원에서 포럼의 연구기능을 수행하도록 하고 있다.

개최도시의 특성에 기반해 MICE를 기획하는 경우도 많지만, 그와는 반대로 MICE가 지역 이미지를 만들어가는 사례도 많다.

창원은 전통적으로 기계산업 중심의 국가산업단지로 유명하며 한국 기

CES

계공업의 요람으로도 불린다. 창원은 마산 자유무역지역과 함께 경남 중부 지역 산업경제의 중추 역할을 담당하고 있다. 이러한 이미지로 창원은 산업도시로 인식되고 있지만 전 세계 여러 나라에서는 창원이 산업도시인 동시에 환경도시로 인지되고 있다. 바로 2009년에 개최된 람사르 총회 때문이다. 2008년 10월 28일부터 11월 4일까지 창원컨벤션센터에서 물새 서식 습지대를 국제적으로 보호하기 위해 람사르 총회가 개최됐고 165개국 정부대표, 관련 국제기구, NGO 등으로 이뤄진 2,200여 명이 행사에 참가했다. 이를 계기로 창원은 환경 중심지라는 상징성을 가지게 됐으며 기초자치단체로는 최초로 국제회의 도시에 지정됐다.

인천에서 매년 개최되는 아시아경제공동체포럼은 확실한 정체성과 전략, 기대효과를 바탕으로 국내 대표 포럼으로 자리 잡아가고 있다. 정치인, 관료 및 기업인 등 다양한 계층의 인사들이 참여하고 각 분야의 학자와 전문가가 중심축이 돼 포럼 결과물이나 정기 단행본 등을 발간하는 것은 제주포럼과 유사하지만, 교육과 차세대 지도자 양성에 관한 논의가 이뤄지고 아시아 가치 서베이 및 아시아 지역 통합지수의 발표는 아시아경제공동체포럼이 가진 차별화된 전략이라 할 수 있다. 아시아경제공동체포럼이 차별화되는 또 다른 요소는 포럼이 개최되는 인천지역의 대학과 연계가 높다는 점이다. 인천대학교 관련 학과의 교수들뿐만 아니라 인천대학교 안의 관련 연구소, 연구원, 센터가 포럼에 직접적으로 관여를 하고 있는 구조다.

국내 최대 규모의 국제게임전시회인 G-STAR는 세계 4대 게임쇼로 평가받고 있으며 2009년부터 부산에서 매년 개최되고 있다. 20만 명 이상이 참가하는 G-STAR는 부산을 대한민국 게임산업의 중심지로 만들었으며 G-STAR가 부산에서 개최된 이후 부산 게임 기업의 수는 5배, 매출은 10배 이상 증가했다. 더 나아가 부산은 게임콘텐츠융복합타운을 준공하고 글로벌 게임 기업 유치에 박차를 가할 예정이다.

전 세계적으로도 MICE가 도시 이미지를 만들어나가는 사례들이 많다.

2009년 덴마크 코펜하겐에서 2009년 UN 기후변화회의가 개최됐다. 이 회의는 4만 5,000명의 참가자를 기록했으며 코펜하겐의 국제적인 인지도를 끌어올림과 동시에 친환경 도시로 자리매김 시켰다. 코펜하겐은 유럽의 '녹색 수도'로 이미지를 정립하고 2025년까지 세계 최초 탄소 중립 수도가 되는 걸 목표로 하고 있다. 녹색 수도로 다양한 환경 국제회의를 개최하고 있는 코펜하겐은 녹색성장 및 글로벌 목표 2030을 위한 연대(P4G), 청정에너지 장관회의, 환경세금회의 등을 개최했다. 코펜하겐은 자전거 사용 활성화, 실외조명연구소 운영 등 녹색도시를 구축하기 위해 노력하고 있으며 코펜하겐에서 열리는 다양한 국제회의도 코펜하겐의 도시브랜딩에 크게 기여했음을 부인할 수 없다.

부산(사진 출처_ 한국관광공사(카멜프레스))

　과거 카지노와 엔터테인먼트로 유명했던 라스베이거스는 이제 MICE 도시로 더 유명하다. 라스베이거스를 MICE 도시로 자리매김하게 기여한 1등 공신 중 하나가 바로 CES다. 세계 최대 규모의 전자제품 박람회 CES(Consumer Electronics Show)는 코로나19 이전에 매년 15만 명 이상이 참가하고 해외에서만 6만 명 이상이 참가했다. CES는 4차 산업의 발전 방향과 세계 트렌드를 볼 수 있는 척도이자 모든 MICE 주최자들이 목표로 생각하고 벤치마킹하는 가장 성공적인 MICE 행사다.

　바르셀로나는 사그라다 파밀리아성당, 구엘공원 등으로 유명해 가우디의 도시라고도 불리지만 또한 유명 축구 명문 구단인 FC바르셀로나와 축구 천재 메시로 인해 축구의 도시라고도 불린다. 하지만 매년 10만 명 이상이 참가하는 '모바일 올림픽'이라고도 불리는 MWC(Mobile World Congress) 개최로 세계 Top MICE 도시로도 꼽힌다. MWC가 바르셀로나에 또 다른 색을 입혀준 것이다.

마지막으로 중국 해남성 보아오에서 열리는 보아오포럼을 꼽을 수 있다. 중국 하이난은 동양의 '하와이'로 불리며 매년 중국 및 인근 국가에서 찾는 휴양지로 유명하다. 보아오는 하이난에 위치한 작은 지역이었으나 2001년부터 보아오포럼을 개최하기 시작하면서 세계의 주목을 끌게 됐다. 아시아의 다보스포럼이라 불리는 보아오포럼은

지역경제 통합을 통해 아시아 국가들이 발전 목표를 달성할 수 있도록 돕는 것을 목표로 하고 있다. 26개 아시아 국가가 대거 참여하는 이 포럼으로 보아오는 세계 지식산업의 중심도시로 자리매김했다.

앞서 본 여러 사례에서 알 수 있듯이, 도시와 MICE는 함께 공존한다. MICE가 도시 이미지를 만들어가기도 하고, 도시의 특성을 반영해 MICE가 기획되기도 한다. MICE와 도시는 서로의 색을 입음으로써 포괄적 도시환경을 개선하고 지역사회의 세계화를 이룰 수 있다. 무엇보다 지역의 특화산업 육성을 견인함과 동시에 지역의 일자리를 창출하고 지역발전의 촉매제가 될 수 있다. 우리나라 대표 MICE 도시인 서울, 부산, 제주 이외에도 MICE 도시로서 빠르게 성장하고 있는 울산, 여수, 안동, 그리고 지금 내가 속한 수원 등 대한민국의 도시와 MICE가 서로의 색을 입고 강화된 브랜딩의 효과를 바탕으로 세계적 MICE 도시들과 어깨를 나란히 할 수 있기를 희망한다.

국제기구 & 국제회의

UN(국제연합), 나에게는 정말 설레는 이름이다. 국제 평화 및 안전 유지, 국가 간 우호관계 발전, 정치·경제·사회·문화 등 모든 분야의 국제협력 달성을 위해 설립된 정부 간 기구로 국제기구 중 가장 큰 영향력과 대표성을 지니고 있다. 그렇다! 나의 꿈은 한때 국제기구에서 일하는 것이었다. 전 세계적인 의제와 현안에 대처하고 국제적인 업무조율과 함께 가장 글로벌한 일터가 국제기구였고, 그 대표가 UN이기 때문이다. 특히 UN 산하의 국제기구인 GCF(녹색기후기금)가 우리나라 인천 송도에 유치될 때 이에 대한 기대가 그 누구보다 높았다. 비록 나의 전공분야가 환경 쪽이 아니었기에 지원할 생각도 못 했지만, 그곳에서 일하게 될 임직원들의 국제적 업무, 근무환경 등에 대해 기대감과 부러움이 가득했다.

국제기구는 유엔과 같이 국가 간 공식 협약에 의해 설립된 정부 간 기구(Intergovernmental Organizations)와 국가 간 조약에 의해 형성되지 않은 비정부기구(Non-Governmental Organizations), 도시 또는 지역 간 네트워크 및 외교를 담당하는 준정부간기구 등까지 국제기구로 본다. 또한 기능에 따라 범세계적 기구와 지역적 기구로 구분하며, 임무 수행에 있어서 종합적이냐, 개별적이냐에 따라 종합적 국제기구와 전문적 국제기구로 구분된다. 하지만 국제기구에 대한 합의된 정의는 존재하지 않으며, 국제기구를 분류하는 조직과 목적 및 기능에 따라 국제기구에 대한 정의는 상이할 수 있다.

MICE산업과 비즈니스이벤트산업에서 매년 전 세계 도시에서 개최되는 국제회의 숫자를 집계하는 가장 대표적인 기준이 되는 지표가 UIA(Union of International Association) 지표다. UIA는 국제회의 개최 순위를 발표하는 비영리 비정부 단체로서 국제협회연합으로 불린다. UIA 기준에서 필수적인 요소는 국제기구의 개최/후원 여부와 회의 개최 규모, 그리고 외국인 비중이다.

코로나19 이전 2019년 세계 UIA 순위는 1,116개의 싱가포르가 1위, 1,090개의 벨기에가 2위, 1,018개의 한국이 3위였다. 도시별 UIA 순위는 싱가포르 1위, 961개의 브뤼셀 2위, 579개의 서울이 3위, 375개의 파리가 4위를 기록했다. 이외에 매년 상위에 제네바, 비엔나, 헤이그가 랭크돼 있으며 그 이유로는 상당수의 국제기구 본부와 지부가 위치해 있어 국제회의 개최에 유리한 조건을 가지고 있기 때문이다. 국제기구의 국내 지부도 국제회의 유치에 있어 매우 중요한 요소다. 지역본부가 위치함으로써 해당 지역에 주요 국제 행사를 개최할 수 있는 기회를 가지는데 유리하며, 국내 기관(단체)들과의 네트워크 형성이 가능해지기 때문이다.

서울이 국제회의 개최 순위에 있어 매년 최상위권을 기록하는 이유 중의 하나도 글로벌녹색성장기구(GGGI)본부, 유엔세계식량계획(WFP) 한국사무소, 유엔난민기구(UN-ICR) 한국대표부 등 다수의 국제기구가 서울에 위치

ICLEI World Congress 2015

하고 있기 때문이다. 우리나라에서 대표 관광도시이자 MICE 도시인 서울, 부산, 제주 부동의 3강 다음으로 많은 국제회의가 개최되고 있는 도시가 있는데, 다수의 국제기구가 위치한 인천이다. 인천은 2006년 UNESCAP 산하 UNAPCICT 설립 이후 14년간 녹색기후기금(GCF) 사무국, World Bank 한국사무소 등 15개 이상의 국제기구를 유치했다. 인천은 사무공간 제공과 세금감면 등의 혜택제공, 글로벌 인프라 구축을 통해 송도를 국제도시로 자리매김했다. 매년 인천에서 개최되는 국제회의 중 다수가 송도에 위치한 국제기구에서 주최 또는 협업 하에 개최되고 있다.

네덜란드의 대표 도시 중 하나인 헤이그는 국제 평화와 정의의 도시로 포지셔닝하는데 성공한 케이스다. 1988년부터 네덜란드 정부는 국가 차원에서 국제 행사 개최의 중요성과 이점을 인식하고 국제기구의 본부를 유치하기 위한 캠페인을 시작했다. 그 결과 국제형사재판소(ICC), 국제사법재판소(ICJ), 화학무기금지기구(OPCW) 등 여러 국제기구를 유치, 헤이그에 실질적인 경제적 부가가치를 창출했으며 헤이그의 외교, 장소브랜딩, 네트워크에 기여했다. 스위스도 중재자적 이미지를 강조해 국제기구 창설 초기부터 UN 관련 국제기구 등 영향력이 크고 근무인원이 많은 국제기구를 유치했다. 스위스는 국제기구 1개가 글로벌 기업 3~4개의 효과와 비슷하다는 판단 아래 유엔 유럽본부, 세계무역기구(WTO) 등의 국제기구를 유치했으며 최근에는 '다보스포럼(World Economic Forum)' 등 국제행사와 관광을 결합한 컨벤션산업을 육성하고 있다. 벨기에는 파격적인 인센티브 부여 및 지원제도 등을 통해 유럽연합(EU), 북대서양조약기구(NATO) 등 크고 작은 국제기구를 가능한한 다수 유치, 국제기구 본부 및 사무국 수에 있어 미국에 이어 세계 2위를 달성했다.

국제기구의 상징성과 영향력, 경제적 파급효과에 대한 인식은 아시아도 마찬가지다. 싱가포르는 국제기구 유치를 국가의 성장 동력으로 보고 중앙정부 차원에서 체계적·종합적인 전략을 수립해 국제기구 유치를 위한 비교우위를 마련했다. 태국은 UN을 비롯한 국제기구 직원들에게 주태국 외교관들과 거의 동일한 혜택을 제공하고 있으며 태국정부 차원에서 많은 지원금을 제공하고 있다. 방콕은 우수한 외국인 학교, 최신 설비의 병원, 저렴한 골프장, 다양한 호텔·음식점·주거지 등을 구비, 타 도시에 비해 비교우위를 점하고 있다.

우리나라 또한 국제기구 유치에 적극적이다. 2020년 충주에는 세계 전통무예 중심 본부 기능을 하게 될 국제무예센터(ICM)가 개관했으며 청주에도 유네스코 산하기관인 국제기록유산센터(ICDH)가 들어섰다. 이렇게 수많은 국가들과 도시들이 국제기구 사무국 유치에 열을 올리는 이유는 사무국 유치를 통해 지속가능한 MICE 행사를 고정적으로 창출할 수 있으며 도시 국제 인지도 제고에 가장 빠른 방법이기 때문이다. 또한 연간 고정적인 MICE 행사 개최를 통한 경제파급효과도 적지 않다.

큰 규모의 국제회의 유치에 있어, 자국에 위치한 국제기구는 매우 중요한 역할을 하며 해당국에 상당히 유리하게 작용한다. 전 세계 120여 세계유산도시 관계자와 전문가 1500명이 참여하는 2017 세계유산도시기구(OWHC) 세계총회의 경주 유치과정에서 경주에 소재한 세계유산도시기구 아시아태평양 사무처가 큰 역할을 했으며, 87개국 204개 도시 대표 등 2,000명이 참석한 2015 이클레이 세계 총회 한국 개최 시에도 서울에 위치한 이클레이 동아시아본부가 큰 기여를 했다.

국내에 위치한 국제기구가 자체 재원을 들여 국제회의를 개최하는 경우도 많지만, 이외에도 한국 정부, 공공기관, 지자체와 협업해 국내회의의 국제화에 기여할 수 있으며 기존 국제회의의 내실을 다지는데도 일조할 수 있다. 회의 프로그램 콘텐츠를 기획하고, 주요 연사를 섭외하고, 관련 기관과의 연결고리도 돼 줄 수 있는 중추적인 역할을 할 수 있는 것이다.

2021년 한국에서 개최된 P4G(녹색성장 및 글로벌 목표 2030을 위한 연대)도 GCF 및 GGGI와 협업해 개최했으며, 2015년 개최됐던 국제 재난 경감 컨퍼런스는 UNISDR(유엔국제재해경감전략기구)과 협업해 개최했다. 2015년 개최한 아시아산림협력기구 산림주간에서는 총 15개국 200여 명의 산림전문가와 세계식량농업기구(FAO), 국제열대목재기구(ITTO), 지역사회임업센터(RECOFTC), 국제열대림연구센터(CIFOR), 아세안사회임업네트워크(ASFN), 세계지속가능관광위원회(GSTC)를 비롯해 한국 산림청과 푸른 아

AFoCO 산림주간

세계유산도시기구 세계총회_ 경주컨벤션뷰로

시아 등 동남아와 아시아에서 활동 중인 여러 국제기구와 민간단체 및 대학이 참여한 국제회의로, 국제기구 간의 협력으로 개최된 대표적인 케이스다.

    이처럼 국제기구로 인한 최대의 수혜자는 그 활용여부에 따라 MICE산업이 될 수 있다. 국제기구를 활용해 MICE산업의 경제·사회·문화·정치적 파급효과를 극대화할 수 있고 더 나아가 국제회의 유치 저변도 확대할 수 있다. 국제기구 입장에서도 MICE산업을 통해 이미지를 제고할 수 있으며, 주요 아젠다의 논의의 장을 마련함과 동시에 추진하는 프로젝트의 동력을 얻을 수도 있다. 코로나19로 침체돼 있는 MICE산업이 국제기구와의 시너지 효과를 통해 다시 한번 용솟음쳤으면 하는 바람이다.

국제기구

협업의 힘!
MICE 협력 네트워크 'Alliance'

생존경쟁의 시대, 국가 간 도시 간 MICE 유치 경쟁은 나날이 치열해지고 있으며 코로나19를 맞은 혼돈의 안갯속에서도 다들 총성 없는 전쟁을 치르고 있다. 아시아의 경우 중국과 인도를 비롯해 신규 전시컨벤션센터가 속속 등장하고 있으며 우리나라의 경우도 2021년 개관한 울산전시컨벤션센터를 비롯해 오송컨벤션센터, 서울 마곡지구 내 컨벤션센터 등 신규 전시컨벤션센터가 생겨날 예정이다. 관광·MICE 전담조직도 지자체별로 늘어나고 있다. 2020년 강원관광재단이 출범했으며 2022년에는 충남관광재단이 출범했다. 제한된 국제회의 숫자를 두고 전 세계의 쟁쟁한 도시들과, 국내 도시들 간에도 피 말리는 경쟁이 이뤄지고 있는 것이다.

그동안 도시들 간의 경쟁 속에서 국제회의 전담조직(CVB) 또는 전시컨벤션센터 단독 힘만으로는 비딩에서 이기기 쉽지 않다는 판단하에 각 도시들은 전략적으로 MICE Alliance를 구축해 네트워크 대 네트워크 간 경쟁으로 국제회의 유치 전쟁에 뛰어들었다. MICE Alliance는 전략적 제휴로 뭉친 협력체계로 도시별로 상이하긴 하지만 주로 관내 CVB, 전시컨벤션센터,

PCO, 호텔, 인센티브 여행사, 관광지, 쇼핑시설 등으로 구성돼 있다.

우리나라 대부분의 지자체는 Alliance를 구성·운영하고 있으며 국내 최대 규모의 MICE 민·관 협력체는 단연 Seoul MICE Alliance(SMA)다. SMA는 2011년 구성돼 2022년 MICE 업계 10개 분야 300개사 이상의 회원사를 두고 있으며 서울의 MICE산업은 SMA를 근간으로 각종 정책과 사업이 전개되고 있다. 가장 중요한 국제회의 공동유치는 물론이고 온라인 공동캠페인, 공동마케팅, 최신 정보공유도 이뤄지고 있다. SMA는 매년 대부분의 회원사가 참가하는 지자체 최대 규모의 연례총회를 개최, 이들의 국내외 네트워크 구축과 교육 등을 지원한다. 경기 관광·MICE Alliance는 기존 경기 MICE Alliance에 관광업체를 추가해 운영하고 있으며 타 지자체와의 차별점은 에버랜드, 한국민속촌, 쁘띠프랑스·피노키오와 다빈치마을, 웨이브파크 등 상대적으로 관광목적지의 비중이 높고 협업의 역사가 오래됐다는 점에 있다.

부산 MICE Alliance도 국제회의도시이자 국제회의복합지구로서의 부산을 자리매김하는데 중추적인 역할을 하고 있다. 유수의 국제회의 공동유치와 함께 2019년에는 한-아세안 특별정상회의 유치를 위해 공동으로 성명 발표식을 하는 등 똘똘 뭉쳐 활동하고 있다. 인천 또한 인천 MICE Alliance 회원사들 간의 긴밀한 협조를 통해 대규모 인센티브 단체 유치뿐 아니라 국제기구 대상 공동설명회 등을 통해 MICE 저변을 확대해 나가고 있다. 우리나라의 '겨울왕국'이라 불리는 강원도의 경우 그 어느 지자체보다 스키리조트가 많고 휴양리조트도 풍부해 MICE 유치 외에도 스키상품을 비롯해 인바운드 상품개발에 공동으로 협력하고 있다. 강원도에서 개최됐던 최대 규모의 국제행사인 평창 동계올림픽을 앞두고 강원도 내 스키리조트와 인바운드 여행사는 서로 협업해 올림픽 붐 조성과 함께 다양한 관광상품을 개발, 성공적인 올림픽 개최에 일조했다.

Alliance 협업의 힘은 국제회의 유치과정에서 특히 빛을 발한다. 국제회의는 Venue·숙박·교통·쇼핑·관광 등 복합적인 요소가 결합된 하나의 세트(Set)로 융복합 비즈니스 트레블로 불린다. 그렇기에 국제회의 유치를 위해서는 해당 국가와 도시, Venue와 다양한 분야가 유기적으로 협업해 매력을 최대한 뽐내야만이 치열한 경쟁 속에서 유치의 달콤한 축배를 마실 수 있다. 이러한 협업은 유치뿐만 아니라 실제 성공적인 국제회의 개최 시에도 반드시 필요한 요소다.

2016년 4만 5,000명이 참가한 국제로터리 세계대회의 경기도 KINTEX 개최 시에도 Alliance의 힘이 빛났다. 국제회의 전담기구인 경기관광공사(경기CVB)와 행사의 Venue인 KINTEX는 물론이고 KINTEX 인근의 소노호텔 등의 숙박시설, DMZ, 원마운트, 파주프리미엄아울렛 등 쇼핑·관광 시설들도 국가적인 행사에 적극 동참·협력·지원했다.

그동안 내가 유치, 추진했던 다양한 MICE 행사는 Alliance 회원사인 Venue, 호텔, 관광지, 쇼핑센터뿐만 아니라 수송, F&B, 군부대 등의 협조가 있어서 가능했다.

불확실성의 시대를 맞아, Alliance의 중요성은 더욱 부각되고 있다. 회원사 간 유기적인 공조를 통해서만이 코로나19와 같은 재난, 그리고 국제적인 이슈, 디지털 트랜스포메이션에 대응하고 위기를 돌파해 나갈 수 있을 것이다.

코로나19의 장기화와 MICE의 빠른 디지털 전환에 따라 디지털 솔루션 기반의 IT기업에 대한 수요가 높아지면서 전국적으로 IT기업의 Alliance 가입 비중이 높아지고 있다. 이들은 자신들이 가진 IT기술과 노하우를 공유하면서 전략적으로 협업해 성공적인 행사를 이끌어내고 있다. 대부분의 신규 IT기업은 미팅테크놀로지 기술을 보유하고 있지만 이외에도 모빌리티 플랫폼, 레저 액티비티 플랫폼, 숙박 플랫폼 등도 속속 합류하고 있다.

IT기업 외에도 최근 주최자들 사이에서 각광받고 있는 유니크 Venue의 합류도 눈에 띈다. 코로나19로 인해 대규모 회의 개최가 힘들어지자 주최자들 사이에선 작지만 특색있는 유니크 Venue에 대한 수요가 늘어났고, 특히 해외에서는 한류의 인기에 힘입어 한국의 역사와 문화를 느낄 수 있는 곳을 선호하게 됐다. 이에 각 지자체에서는 숨은 유니크 Venue 발굴에 공을 들이게 됐고 이색적이며 특색있는 Venue들이 새로운 MICE 콘텐츠로 자리 잡아가고 있다. 우리나라 대표 유니크 Venue로는 한국의집, 한국민속촌, 황룡원, 왕의지밀, 국립중앙박물관 등이 있다.

MICE Alliance 외에도 관광산업에 있어 협력 네트워크의 힘을 발휘하는 분야는 많다. 대표적으로 이전에 경기관광공사에서 주도적으로 구성했던 경기도 관광업계 해외마케팅 협의체, GOMPA(Gyeonggi Overseas Marketing Professional Association)를 손꼽을 수 있다. GOMPA는 해외마케팅과 인바운드 시장 확대를 위해 2012년 구성된 민·관 협력체다. 주요 회원사는 경기도 31개 시·군에 위치한 주요 관광지였으며 외국인 관광객 2000만 명 시대의 첨병 역할을 위해 GOMPA는 인바운드 상품 공동 개발, 쿠폰북 및 홍보물 공동 제작·배포, 해외세일즈 공동 참가 등 다양한 활동들을 공동으로 진행해 시너지 효과를 창출했나. 회원사들의 *끈끈*한 협력을 바탕으로 특히 중국과 동남아에서는 경기도와 GOMPA에 대한 확고한 포지셔닝이 이뤄졌다. 개별 관광지로서의 부족한 브랜드 가치를 GOMPA라는 협력 네트워크로 채웠으며, 회원사들 간의 공동 전략을 통해 경쟁력 있는 관광상품을 만들 수 있었다.

관내 MICE 관계 기관이나 기업들이 구성하는 Alliance 외에도 도시 간 Alliance를 구성해 정보공유, 신규 비즈니스 창출, 신시장 개척 등의 시너지를 창출하고 있다.

글로벌 미팅·컨벤션 연합체인 BestCities Global Alliance는 얼라이언스를 통해 회원사 간 지식과 정보를 교류하고 서로를 지원하고 있다. 회원사로는 마드리드, 더블린, 베를린, 싱가포르, 멜번, 휴스톤, 두바이, 밴쿠버, 도쿄, 코펜하겐이 있으며 정기적인 회의를 통해 우수 사례를 공유하고 함께 위기에 대처해 나가고 있다.

세계적으로 석유, 천연가스 등 에너지 산업을 기반으로 하는 도시들이 모여 MICE산업과 연계함으로써 국제적 교류 및 무역활동을 증진시키기 위해 구성된 협력체제가 Energy Cities Convention Alliance다. 2007년 공식출범한 후 현재 영국 애버딘 컨벤션뷰로, 캐나다 캘거리의 텔러스컨벤션센터, 아랍에미리트 아부다비 관광청, 호주 퍼스 컨벤션뷰로, 노르웨이 스타방에르를 회원사로 두고 있다. 이 5개 도시는 모두 자국에서 에너지 중심도시로 유명하며 전 세계적으로도 에너지 유관 국제회의 및 전시회 개최로 인지도를 쌓았다. 이 Alliance는 협회 및 기업회의 기획자들이 재정, 물류 등 성공적인 회의 개최를 위해 필요한 정보를 제공하고, 회원도시와 개최행사에

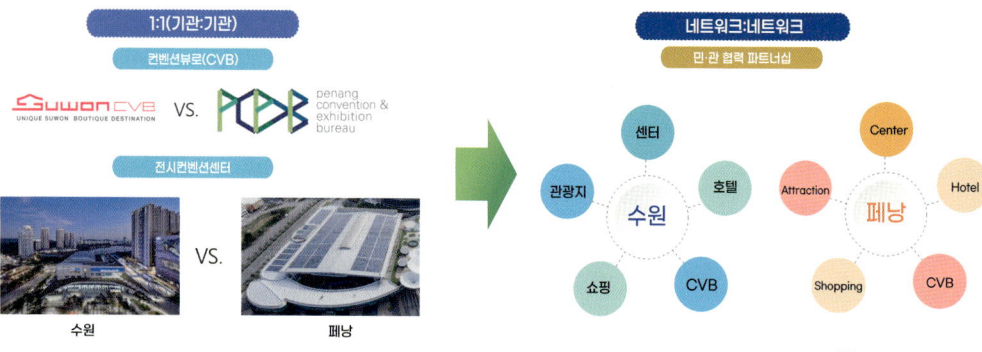

Alliance

대한 공동마케팅을 수행하며, 행사의 유치 성공률을 높이기 위해 세일즈리드를 교환하는 등 긴밀히 협조하고 있다(《Global MICE Insight》 매거진, - '에너지시티스 컨벤션 얼라이언스의 새로운 파트너, 노르웨이 스타방에르').

빠르게 변화하는 트렌드를 맞아, 탄력적인 대응을 위해 Alliance의 중요성은 향후 더욱 부각될 것이며 그 범위 또한 더욱 확대될 것으로 예측된다. 내 개인적인 경험을 비춰 봐도, Alliance의 힘 없이는 MICE의 유치와 개최가 불가능했을 것이라고 생각한다. Alliance는 상호 긴밀히 협조하고 상호교류를 통해 빠른 정보 수집과 함께 민첩한 대응이 가능하다. 또한 MICE 유치에 있어 한발 빠르게 움직일 수 있고 서로의 강점을 융합해 시너지를 창출할 수도 있다. Alliance의 네트워크를 활용해 조직의 힘이 강해질 수 있었을 뿐만 아니라 나 개인적으로도 크게 성장할 수 있는 발판이 됐다.

　힘들고 절망했을 때마다 Alliance 회원사들이 기운을 북돋아 주고 더욱 강력한 무기를 제공해 줬을 뿐만 아니라 회원들 간의 탄탄한 신뢰 구축과 교류를 통해 업무적인 성장뿐 아니라 인간적으로도 성장할 수 있었다.

　나날이 치열해지는 경쟁 속에서 국제회의 유치부터 성공적인 개최까지, 개별 기업 단독의 힘만으로는 한계가 있기에, 전략적 제휴를 통한 협력을 기반으로 경쟁우위 확보와 함께 새로운 가치를 창출해 낼 수 있을 것이다.

도시의 랜드마크, 전시컨벤션센터

도시의 랜드마크

    2019년 5월, 수원컨벤션센터에서의 나의 근무는 시작되었다. 지난 11년 반 동안의 경기관광공사 생활을 마치고 MICE에서의 전문성과 전시컨벤션 Venue에서의 경험을 쌓기 위해 수원컨벤션센터로 이직을 하였다. 수원컨벤션센터는 수원시가 선진도시로 발전하기 위해서는 국제컨벤션센터가 꼭 필요하다는 의견 하에 2019년 완공돼 수원의 MICE산업을 선도하고 있다. 연면적만 9만 7,616㎡ 규모로 주변의 호수와 집적시설과 어우러져 수원의 랜드마크로 자리잡고 있다. 수원의 공공건축 중 조선시대 정조대왕이 건립했던 수원 화성 이후 최대 규모라는 말이 있을 정도다. 전시컨벤션센터는 MICE 개최 장소를 제공할 뿐만 아니라 도시 및 국가 이미지 제고와 지역경제활성화에 기여하는 기능을 가지고 있어 우리나라뿐만 아니라 전 세계적으로 전시컨벤션센터를 경쟁적으로 건립하고 있다.

    전시컨벤션센터는 MICE가 개최되는 여러 Venue 중에서 가장 전문적이고 최적화된 시설로 MICE 사슬을 구성하는 공급자이다. 전시컨벤션센터는 대규모의 전시 및 컨벤션을 일시에 수용하거나, 여러 단체의 전시컨벤션을 동시에 수용할 수 있는 구조와 수용 능력을 갖춘 복합시설이라고 할 수 있으며 공공재로서의 특성이 크다.

전시컨벤션센터는 MICE산업의 필수적인 인프라이자 지역의 경제·문화·사회·관광산업에 지대한 영향을 미치기 때문에 정부 및 지자체가 앞다퉈 건립하고 있으며 특히 아시아와 중국에서의 확장세가 눈에 띈다. 권역별 실내 전시면적 보유현황을 살펴보면 유럽이 전 세계 전시면적의 40% 이상을 차지하고 있으며 다음으로 북미와 아시아태평양 지역이 각각 20% 이상을 차지하고 있다. 나라별로는 미국이 최대 전시면적 보유국이며 그 뒤로 중국, 독일, 이탈리아가 뒤따르고 있다. 특히 중국의 전시면적 증가율은 괄목할만하며 증가된 전시면적의 대부분은 신규 전시컨벤션센터 건립으로 인한 것이다. 세계 최대 규모의 전시컨벤션센터는 중국 상하이에 있는 상하이국립전시컨벤션센터이며, 2위가 독일 프랑크푸르트에 위치해있는 프랑크푸르트전시장, 3위가 독일 하노버에 있는 하노버전시장이다.

전 세계적인 전시컨벤션센터 건립 증가 추세에 발맞추어 우리나라도 전국적으로 전시컨벤션센터가 건립 또는 증축되고 있다. 전시컨벤션센터가 도시의 랜드마크로서 Destination Marketing의 중요한 수단으로 부각됨과 동시에 국가적 산업 인프라이자 공공재로 인식되어 2019년 수원컨벤션센터 및 2020년 울산전시컨벤션센터 신축, 2021년 대구 EXCO 및 2022년 대전 DCC 증축 등 여러 지자체의 신규 설립 또는 시설 확충 노력이 일어나고 있다. 게다가 향후 서울 강남 삼성동 일대 현대자동차그룹의 글로벌비즈니스센터(GBC)와 잠실운동장 부지에 들어서는 잠실 MICE 복합단지로 전시컨벤션센터의 확장과 경쟁은 더 치열해질 것으로 보인다.

그동안 전시컨벤션센터에서 개최되는 다양한 MICE 행사들을 통해 대규모 방문객을 유발함으로써 숙박, 쇼핑과 같은 환대(Hospitality) 산업을 통한 경제적 파급효과가 주목을 받아왔다. 하지만 이외에도 전시컨벤션센터에서 개최되는 MICE를 통한 산업적 측면 또한 무시할 수 없다. MICE를 통해 해당 산업의 무역 및 수출 촉진, 창업 및 기업 확대, 인재 확보, 일자리 창출, 지식 전이 효과를 창출할 수 있다.

우리나라에서는 대구가 다양한 MICE 행사 개최를 통해 산업적 성과를 이루어왔다. 대구는 2013년 세계에너지총회를 개최함으로써 세계 1위 기업인 아람코와 로열더치셸 CEO 등 100여 개 기업 123개국 7,546명이 총회에 참가하였고 총회 개최를 계기로 EXCO 신관 증축과 함께 스마트그리드 확산 사업, 마이크로그리드 구축 사업의 투자를 유치할 수 있었다. 또한 성공적인 총회 개최를 통해 2022년 개최한 세계가스총회의 유치 발판을 마련할 수 있었다. 2015년 개최된 세계물포럼에서는 물 관련 전문가 4만 6000명이 참가했으며 이들 참가자를 통한 지역경제파급효과 외에도 행사 기간에 글로벌 물 관련 기업과의 B2B상담·교류를 통한 투자유치는 물론 국가물산업클러스터 설립(2019년), 한국물기술인증원 유치(2019년) 등을 통해 국내 최고의 물 산업 선도도시로의 도약의 계기를 마련했다.

2021년 개관한 울산전시컨벤션센터는 빠르게 경남권 MICE 중심지로 발돋움하고 있으며 울산의 산업적 성장 및 발전에도 기여하고 있다. 가장 많은 중공업 회사가 위치한 중공업 도시의 상징으로 불릴 만큼 공단이 넓게 펴져 있는 울산은 그동안 B2B 상담의 플랫폼이 되는 전시회와 크고 작은 비즈니스 미팅 장소가 부재해 아쉬움이 컸다. 울산전시컨벤션센터의 건립으로 이러한 문제 해결과 동시에 울산 국제수소에너지진시회 및 포럼, 울산 스타트업 페스타, 울산안전산업위크 개최 등을 통해 다양한 비즈니스 교류의 장을 만들어내고 있다.

이렇듯 MICE행사 유치 또는 직접 주관을 통해 전시컨벤션센터들은 수익창출, 가동률 제고, 지역 전시산업 육성, 도시 산업 발전을 이루어나가고 있다. 울산은 수소에너지 관련, 인천은 바이오, 부산은 해양산업의 주관전시를 개최했다.

전시컨벤션센터는 호텔이나 문화센터에서 수용하지 못하는 대규모 MICE 행사를 유치할 수 있는 기회를 제공해줄 뿐만 아니라 대규모 전시회 개최도 가능하다. 무엇보다 전시컨벤션센터 건립으로 인해 주변의 도시 및 관광인프라의 구축에 견인하는 효과가 크다. 서울 COEX로 인해 주변에 인터컨티넨탈호텔, 파크하얏트호텔, 아쿠아리움, 메가박스, 현대백화점을 비롯해 다양한 집적시설이 들어섰고 송도컨벤시아 주변에는 쉐라톤 그랜드호텔, 오크우드 프리미어 호텔, 현대 프리미엄 아웃렛이 들어섰다. 최근에는 대전컨벤션센터 인근에 5성급호텔 오노마와 신세계 아트앤사이언스가 개관해 컨벤션센터와의 시너지효과를 창출하고 있다.

커뮤니티의 구심점으로

이러한 여러 장점과 기능에도 불구하고 그동안 MICE가 개최되는 많은 전시컨벤션센터들은 다소 시민들과 동떨어진 소원한 관계의 시설이었다. 대규모 국제회의 개최 시 관계 산업의 글로벌 연사 및 전문가, 관계자들이 몇 백 명에서 몇천 명까지 모이지만, 시민들의 삶과 관심에는 다소 동떨어져 있

었다. 해외 정상, 장·차관, 국제기구의 수장이 와도 시민들의 삶과 직결되는 부분은 없었으며 실제 시민들이 참여하여 활동하거나 체험할 수 있는 내용도 극소수였다. 인지도 있는 국제행사 개최 시, 도시 브랜드 인지도 제고와 시민들의 자긍심 고취에는 효과가 있었지만, 실제 시민들이 센터를 커뮤니티의 일부로 인식하기에는 다소 부족하였다.

코로나19를 맞아 국제행사를 개최할 수 있는 여건이 어려워지자, 센터들은 국내 수요에 초점을 맞추기 시작했고 국내 MICE시장 활성화에 더 집중하기 시작했다. 하지만 사회적 거리두기 지침과 내수시장의 한계로 인해 국내 MICE 개최만으로는 한계를 드러냈으며 결국 로컬커뮤니티와 함께하는, 더 나아가 로컬커뮤니티와 직접 같이 지역밀착형 MICE를 개발해야 할 필요성을 느꼈다. 당장 지역주민 주도형 MICE 발굴 및 육성과 지역주민의

MICE 사업 참여를 이끌어내기는 쉽지 않겠지만, 지역 주민들의 센터에 대한 관심 제고, 주민들의 센터 MICE 참가 및 참여, 로컬커뮤니티의 자산으로서의 센터 이미지 정립 등은 많은 전시컨벤션센터에서 추진 중이다.

경주는 센터 개관과 함께 경주 시민을 위한 다양한 MICE 행사를 개최했다. 그동안 경주시민은 전시회나 유명 연사의 강연을 듣기 위해 인근 도시로 이동을 해야 했다. 하지만 경주화백컨벤션 센터가 생김으로써 많은 볼거리와 즐길거리를 시내에서 해결할 수 있게 되었다. 센터는 경주시민들에게 친근하게 다가가기 위해 다양한 분야의 버스킹 공연, 프리마켓 등을 추진했으며, 2019년에는 경주키즈월드가 개최되어 경주지역과 주변지역 어린이들에게 실내 놀이공간을 제공하였다. 2017년 개최된 전 세계 116개 도시, 1,500여 명이 참가한 세계유산도시기구 세계총회에서는 디지털헤리티지 가상체험관, 아태 전통예술공연, 미디어파사드 쇼 등 지역주민이 참여 가능한 다양한 문화프로그램도 마련했었다. 또한 국내 최대 문화재 전문 박람회인 국제문화재산업전에서는 '문화재 플로깅 챌린지', '감성 경주 인생샷 투어' 등 경주시민들과 함께 할 수 있도록 대중화에 힘쓰고 있다.

코로나19의 장기화로 지친 시민들을 위해 2021년 11월에는 힐링트라이애슬론, 요가컨퍼런스, 명상, 싱잉볼워크숍, 힐링 진단 및 상담, 힐링 인플루언서 홈트 등 다양한 힐링 액티비티 프로그램으로 구성된 '2021 힐링페스타'를 개최했고 올해도 지속, 개최했다.

MICE 선도 도시로 빠르게 자리잡고있는 경주는 경상북도경주교육청과 협업하여 지역 학생들에게 컨벤션 분야 확대 보급과 지역의 MICE 교육 역량 강화를 이끌기로 했으며, 경주관광MICE육성센터를 운영하여 지역 관광

기업의 경쟁력 강화와 애로사항 해결에 힘쓰고 있다.

수원은 그 어느 도시보다 생활권 내에 컨벤션센터가 위치하고 지역주민의 수가 타 도시에 비해 많다는 강점을 가지고 있어 로컬커뮤니티와 함께하는 MICE 기획에 유리하다. 입지적으로도 바로 옆에 갤러리아백화점, 쇼핑몰, 아쿠아플라넷, 코트야드 메리어트 호텔, 광교호수공원이 위치해 있어 유동인구가 많다. 가구박람회, 펫쇼, 골프쇼, 카페&베이커리페어 등 다양한 B2C 전시회들이 개최되고 있으며 센터의 지하 1층에는 문화예술공간인 수원시립 아트스페이스에서 상시로 전시가 진행되고 있어 시민들의 발길이 끊이질 않고 있다. 또한 프랜차이즈 맛집을 비롯해 생활편의 시설인 카페, 편의점, 의류 및 잡화점, 반려동물숍, 미용실이 입주해 있어 그야말로 시민들과 함께하는 공간이자 센터다.

2021년, 본격적으로 유튜브 채널을 운영하기 시작한 수원컨벤션센터는 '광교 직딩의 삶', '수원왕갈비 대동여지도', '외국인에게 수원 물 먹이기' 등 MICE와 함께 누구나 흥미있게 관심을 가지고 즐길 수 있는 콘텐츠를 만들어 큰 호응을 얻었다. 또한 '빈센조', '스타트업', '구경이' 등 인기 드라마 로케이션으로도 활용되어 많은 시민들의 관심을 받았다.

2022년에는 10일간 한화솔루션 갤러리아 부문과 함께 우리나라 최초로 인공 오로라인 '보레알레스' 공공미술 사업을 추진했고 7월에는 시민들과 함께하는 맥주축제를 개최했다. 코로나 블루로 지친 시민들에게 조금이나마 위안이 되고 희망의 메시지를 전달하기 위함이었다.

송도컨벤시아는 증축을 하면서 센터 내에 키즈풀과 다양한 레스토랑을 유치함으로써 인천 시민들의 발걸음이 잦아졌고 대전컨벤션센터도 센터 내에 대전을 대표하는 브랜드인 성심당 빵집을 유치함으로써 시민들의 방문이 늘었다.

이처럼 여러 전시컨벤션센터는 국제회의, 학/협회 회의, 기업미팅 참가자만을 위한 장소가 아닌 시민들이 누구나 편하게 찾고 즐길 수 있는 장소로 거듭나고 있다. 향후 센터 자체 주관의 MICE 발굴 및 육성에 있어서도 로컬 커뮤니티와 함께하는 지역밀착형 특화 MICE 개발이 이루어질 것으로 기대하며, 그렇게 함으로써 지역을 대표하는 랜드마크이자 시민들의 자랑이 될 수 있을 것이다.

여전히 휴먼터치 요구되는 온라인 시대

　모든 것이 디지털로 빠르게 변화하고 있고, 메타버스, AR/VR, AI, NFT, 블록체인 등 가상세계와 로봇이 전면에 등장하고 있다. 디지털과 그다지 친숙하지 않는 나로서도 디지털트렌스포메이션을 맞아 생활의 편리와 업무적인 효율이 높아져 나름 만족하고 있다. 하지만 한편으론 로봇과 기계가 우리의 직업을 대체하고 너무나 빠른 디지털로의 전환으로 인한 디지털 격차가 야기할 소외와 함께 심지어 어느 날 로봇과 인공지능이 우리 세계를 지배하지 않을까라는 SF적인 상상까지 하며 걱정하게 된다.

　이러한 큰 흐름 속에 걱정에 사로잡힌 나는 시대에 뒤처져서는 안 되겠다는 생각에 트렌드 서적을 찾아보고 공부하게 됐다. 2010년대 들어 매해 새로운 트렌드를 예측하는 책들이 쏟아져 나오고 있다. KOTRA에서 출판하는 〈한국이 열광할 세계트렌드〉, 빅데이터 분석기업 다음소프트 생활변화관측소의 〈트렌드 노트〉, 김난도 교수의 〈트렌드 코리아〉를 비롯해 시대적 흐름에 발맞춰 〈밀레니어-Z세대 트렌드〉, 〈디지털 트렌드〉 등 다양한 주제의 트렌드에 대해 조사하고, 분석하며, 의미 있는 해석을 내놓고 있다. 특히 〈트렌드 코리아〉는 10년 이상 된 베스트셀러로 예측도가 높고 시사하는 바가 커

많은 연령층이 구독하고 있다. 〈트렌드 코리아 2021〉에서 언급한 10가지 트렌드 중에서 'Ontact, Untact, with a Human Touch 휴먼터치'가 디지털과 온라인으로 무장한 현대에 있어 의미 있는 시사점을 주고 있다. 이 책에서 온라인과 오프라인이 혼재한 시장에서 소비자가 구매 결정을 내리는 가장 중요한 순간인 '진실의 순간'에 반드시 필요한 것은 휴먼터치며, 진정한 공감대를 이끌어내는 능력은 여전히 인간에게 있다고 한다(〈트렌드코리아 2021〉, 김난도). 너무나 빠른 디지털화에 대해 우려하고 있는 나로서도 공감과 안심이 되는 트렌드로 2022년 현재, 그리고 앞으로도 Human Touch의 중요성에 대해서는 의심의 여지가 없어 보인다.

2010년대 들어 집에 실내자전거 또는 러닝머신을 구비하고 운동하는 사람이 대폭 늘었다. 이들은 머신에 AI를 구비하고 개개인의 러닝 데이터를 축적해 코칭을 받는다. 하지만 AI 기반 코칭 알고리즘만으로는 사용자들의 운동 의지, 귀찮음 등의 감정까지 세밀하게 헤아리기는 어렵다. 이러한 부족한 점을 정확히 집어낸 기업이 바로 펠로톤(Peloton)이다. 펠로톤은 2019년 기업가치 40억 달러 이상을 평가받은 디지털 헬스케어 기업으로, 코로나19 시대에 오히려 승승장구하고 있다. 펠로톤의 비즈니스 모델은 전자스크린이 달린 실내자전거를 판매하는 것인데, 다른 기업과의 차이점은 전자스크린에서 정기적으로 구독자에게 콘텐츠를 제공한다는 점이다. 이 콘텐츠의 중심에는 스타 강사들이 있다. 스타 강사들은 수업시간에 회원들의 이름을 부르고, 채널에 접속한 구독자들의 운동속도나 거리 등을 체크하며 개인지도를 해준다. 이런 시간들이 쌓여 구독자들은 강사들에게 마음에서 우러난 친밀감을 느끼고, 이들의 골수팬이 된다. 즉 고객들이 서로 연결돼 있다고 느끼는 커뮤니티 비즈니스와 휴먼터치가 바로 펠로톤의 성공비결이라고 할 수 있다(《디지털로 생각하라》, 신동훈·이승윤·이민우 공저).

세계적인 엔터테인먼트 스트리밍 서비스 '넷플릭스'는 추천 서비스로 유명하다. 실제 넷플릭스 유저들의 80% 이상은 알고리즘의 추천을 받아 선택을 하고, 20%만이 검색을 해서 콘텐츠를 소비한다고 한다. 넷플릭스의 성공 이유로 방대한 데이터와 추천 알고리즘을 꼽는데, 이 추천 알고리즘을 설계하는 것은 사람이며, 실제 넷플릭스의 영상 콘텐츠 분석 전문가들이 관여한다. 이 전문가들을 태거(Tagger)라고 부르며 이들은 콘텐츠에 관한 높은 수준의 지식과 인간만이 가지고 있는 특유의 감성적 센스를 정확히 이해하고 있다. 이들은 신규 콘텐츠가 들어오면 해당 콘텐츠를 일일이 감상하고 분석해서 태그와 메타데이터를 생성한다(《트렌드코리아 2021》, 김난도 저).

'연결', '교류', '관계'가 핵심인 MICE산업도 마찬가지다. 코로나19로 인해 버추얼, 온라인 전시장, VR/AR, 하이브리드 등 많은 부분들이 디지털로 전환되고 있지만, 여전히 인간적인 관계, Human Touch에 대한 니즈는 존재하며, 디지털이 이를 100% 대체하지는 못할 것이다.

MICE의 중요한 축을 이루고 있는 전시회의 경우 AR/VR 기반의 전시플랫폼, 화상상담장 등 뉴노멀에 대비해 디지털 전환을 가속화하고 있지만 다수의 전시주최자와 참가자들은 코로나19가 종식되면 다시 예전의 오프라인인 대면방식을 선호한다고 한다. 화상상담을 통해 제품 정보와 특성 등은 파악할 수 있지만 아직까지는 기술적인 한계로 인해 바이어들은 실제로 제품을 보고 테스트하고 싶어 한다. 특히 계약 등의 중요한 순간에는 대면계약을 선호한다. 무엇보다 사람과 사람이 만나고 신뢰를 구축하기 위해서는 인간적인 교감이 필수인데, 온라인 전시가 이러한 부분을 해결해 줄 수는 없기 때문이다.

2021년 1월 11일부터 1월 14일까지 진행된 세계최대 IT 박람회 중 하나인 CES 2021은 100% 디지털인 온라인 가상 박람회로 개최됐다. 1967년 개최이래 처음으로 100% 온라인으로 개최된 이번 행사는 종합적 정보 제공 및 접근성 향상에 대한 디지털의 장점을 극대화했으며 '좋아요'와 '댓글'을 실시간으로 볼 수 있어 고객 및 관계자 등 시장 반응을 볼 수 있는 이점이 있었다. 하지만 디지털 기기를 직접 만져보고 사용할 수 없어 현장에서만 느낄 수 있는 오감을 채우기에는 역부족이었으며 우연이 가져다주는 의외성 및 즐거움 등에 대한 아쉬움이 있었다. 100% 온라인으로만 진행됐기에 아는 사람만 찾아오고 오프라인 현장에서의 홍보 효과를 누릴 수는 없었다. 오프라인 전시장에서는 스치듯 만나는 지인 또는 새로운 인연, 실제 상품을 만나는 우연의 기회가 있는데, 가상 박람회는 이러한 것들을 소멸시켰다. 이를 계기로 오프라인 트래픽을 어떻게 온라인으로 가져올 것인가라는 숙제를 남겼다.

회의의 경우 전시회보다는 비교적 주최자 및 참가자들이 빠르게 디지털 플랫폼, 화상회의, 하이브리드 회의에 적응하고 있다. 회의의 경우 중요한 목적 중 하나가 정보습득 및 의견교류다. 그렇게 때문에 디지털 회의를 통해 이러한 욕구를 상당 부분 충족시켜줄 수 있다. 게다가 접근성 및 참여성에 있어 오프라인보다 제약이 적기 때문에 이점도 많다. 물리적인 시간과 거리로 인해 평소 참석하지 못했던 회의나 포럼을 온라인을 통해 참석할 수 있게 됐고, 꼭 듣고 싶었던 연사의 강의를 집이나 사무실에서 편하게 시청할 수 있게 됐다. 때로는 온디맨드를 통해 콘텐츠를 시간의 구애 없이 시청할 수 있게 됐다. 그럼에도 불구하고 디지털 회의가 오프라인 회의를 100% 대체하지는 못할 것이다. 회의의 주 목적 중 하나가 네트워킹과 관계구축에 있는데, 온라인만으로는 관계구축에 한계가 있기 때문이다. 또한 중요한 회의나 협상에 있어 온라인만으로는 오감으로 느끼는 미묘한 제스처와 현장감을 느끼지 못하기 때문이다.

코로나19로 여행 또한 랜선투어, 온라인 축제 등이 활성화되고 있다. 랜선투어는 온라인에서 감상하고 즐기는 투어로 마치 현지에 있다는 느낌을 받을 수 있도록 그 퀄리티가 높아지고 있다. 이에 더 나아가 도시나 특정 지역의 가상 체험공간을 만들어 사용자가 아바타로 투어를 하고 체험도 즐길 수 있는 플랫폼이 구현되기도 했다. 여기에 가상공간에 실물과 같은 물체를 재현하는 디지털 트윈(Digital Twin) 기술과 초고화질의 해상도로 그 만족도는 높아지고 있다. 하지만 랜선투어는 어디까지나 온라인 가상체험이자 간접체험이며, 직접 여행하는 것과는 확연히 다르다. 여행은 오감으로 느끼고 체험하고 경험하는 행위다. 이러한 직접여행을 디지털이 절대로 대체할 수 없으며 사용자도 랜선투어로 대리만족을 느끼거나 향후 직접 가보고 싶은 곳을 미리 경험할 뿐 랜선투어로 리얼 여행을 했다고는 생각지 않을 것이다.

2020년과 2021년 코로나19로 대부분의 국제회의와 기업회의들이 개최되지 못했거나 온라인 형태로 개최됐다. Zoom, WEBEX, 보다미팅 등의 영상회의 프로그램 사용은 이제 일상화되고 있으며 그 기술은 더욱더 발전하고 있다. 이러한 디지털 회의는 정보교류, 토의, 랜선파티 등으로 활용되며 그 범위가 더욱 넓어지고 있다. 그렇지만 10번의 이메일이 1번의 전화통화보다

　친밀감이 약하고 10번의 통화보다 1번의 만남이 더 효과가 있다는 말이 틀리지는 않은 듯하다. 많은 비즈니스맨, 특히 세일즈/영업 담당자는 B2B 영업을 진행함에 있어 이메일과 전화로 먼저 연락이 닿았을지라도 최종적으로는 반드시 대면 미팅을 추진한다. 고객이 이메일과 전화로 기존의 거래처를 놔두고 새로운 거래처로 옮기는 경우는 극히 드물며 대면 미팅 이후에야 고객의 마음이 움직이거나 새로운 선택지를 고려해 보게 된다.

　MICE 유치에 있어서도 마찬가지다. 전 세계 곳곳에서 개최되는 국제회의와 전시회는 도시나 국가를 순회하는 경우도 많지만 대부분의 회의나 전시회는 고정적으로 한도시의 특정 Venue에서 지속 개최되는 경우가 많다. Venue 선택 시에 주최자는 주변 MICE 인프라, 시설의 우수성, 임대가격, 접근성, 관광요소 등을 분석한다. 하지만 이러한 요소와 함께 Venue 선택 시에 고려되는 중요한 요인이 바로 해당 Venue에서의 제공 서비스, 담당자

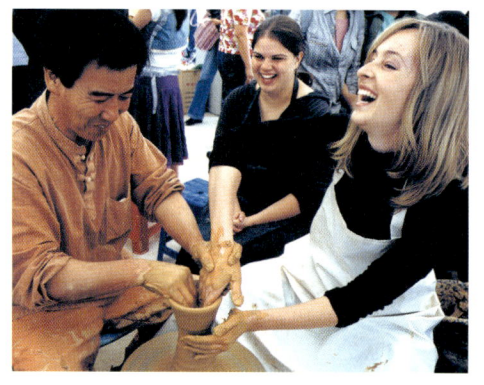

와의 신뢰 관계이다. 이를 관계마케팅 및 경험경제와 연결 지을 수 있다.

Venue가 파는 것은 단순 회의장 및 시설의 하드웨어만이 아닌 '관계'다. MICE를 둘러싼 이해관계자들과의 관계를 잘 협력, 조정, 조화시켜서 형성된 총체적 관계를 MICE 고객에게 제공해 주는 것이다. 이를 통해 고객 등 이해관계자와의 강한 유대관계를 형성하고 유지하며 발전시키는 총체적 마케팅 활동이 바로 관계마케팅이라 할 수 있다(《MICE시대의 컨벤션과 도시관광 관계를 팔아라》, 허정옥 저).

고객과 정서적 관계를 맺어야 경쟁 우위에 설 수 있는 관계가치의 시대, 소비자에게 충성도를 요구하기 이전에 친근한 관계를 맺으며 애착을 느끼게 해줘야 한다는 사실을 누구보다 잘 아는 주요 MICE Venue들은 고객 경험을 개선하기 위해 온 힘을 쏟고 있다. 경험은 감가상각이 없으며 오히려 시간이 갈수록 관계가치를 돈독하게 쌓아 올릴 수 있는 무궁무진한 가능성이 있기 때문이다.

그렇게 때문에 전 세계 수많은 CVB와 Venue들이 ICCA, UIA의 빅데이터, 그리고 자체 CRM시스템 등을 활용 매력적인 조건으로 치열하게 MICE 유치 경쟁을 벌이고 있지만, 기 구축된 바이어와 셀러 사이의 신뢰관계 사이를 비집고 들어가기는 여간해선 쉽지 않다.

호텔업계도 AI, 챗봇, 로봇 사용 등 빠르게 자동화를 진행하고 있다. 특히 코로나19로 인해 비대면 접촉 방식을 선호하는 고객이 늘어나면서 기술도입이 늦어진 호텔들은 경쟁에서 뒤처지게 됐다. 하지만 미국에 있는 피스터 호텔은 정반대의 접근방식을 택했다. '피스터 내레이터'라는 새로운 프로그램을 론칭해 호텔이 고용한 작가가 호텔 고객들과 이야기를 하며 그 내용을 기록하는 프로젝트다. 이들은 호텔 로비에 상주하면서 다양한 방문객들과 대화를 나누고 그 내용을 정리해 호텔 블로그에 주 2회 이상 업로드한다. 고객들의 이야기들은 전문 작가의 손을 거쳐 매력적인 콘텐츠로 재탄생되며, 그런 콘텐츠들이 차곡차곡 쌓여, 피스터 호텔의 블로그는 차별화된 미디어로 거듭났다. 급변하는 시대를 살아가는 현대인은 누군가가 내 이야기를 들어줬으면 하는 '인간 대 인간의 커뮤니케이션' 즉 휴먼터치에 목말라 있다. 피스터호텔은 이 부분을 정확히 짚어낸 것이다《여행의 미래》, 김다영 저).

'허그(Hug) 외교'로 유명한 인도의 모디 총리는 휴먼터치의 중요성에 대해 일깨워준다. 모디 총리는 버락 오바마 미국 대통령, 아베 신조 일본 총리, 에마뉘엘 마크롱 프랑스 대통령을 만날 때 적극적인 스킨십을 보였으며 우리나라 문재인 대통령 당선 때는 한국어로 축하 글을 올리고 직접 통화했다. 이러한 휴먼 터치로 모디 총리는 누구보다 전 세계 정상들과의 친화력을 과시하고 있다.

4찬 산업혁명으로 빠르게 변화하는 디지털 트랜스포메이션 시대에 뒤처져서는 안 되겠지만 디지털의 힘만을 맹신해서도 안 될 것이다. 무엇보다 사람의 마음을 움직이고 공감할 수 있는 능력은 사람만이 할 수 있기 때문이다.

만능 메타버스야, 오프라인은 죽지 않았다!

메타버스 시대

바야흐로 메타버스의 시대다. 미디어상에서 미래의 플랫폼으로 언급되고 있으며 서점에 가도 베스트셀러 섹션을 도배하고 있다. 그럼에도 아직 시기상조라고 여기고 있던 나는 업무 외에는 메타버스에 대해 크게 관심과 주의를 기울이지 않았다. 집에서 멍 때리며 쉬고 있을 때 알파세대인 아들이 학원수업을 메타버스로 하는 것을 보며 깜짝 놀랐다. 웅진북클럽에서 만든 '메타뉴이어'라는 프로그램으로 진정한 의미의 메타버스라고 하기에는 많이 부족하지만 교실, 도서관 등을 이리저리 돌아다니며 교육영상도 보고 아이템(선물)도 획득할 수 있었다. 또한 아들의 게임과 유튜브도 같이 시청하다보면 로블록스, 어몽어스 등 메타버스 형태의 프로그램들이 계속 눈에 띄어 이제는 메타버스가 현실임을 실감할 수 있었다. 이제 메타버스는 게임산업과 공연, 콘서트 분야 그리고 교육, 채용 등 전방위적으로 영역을 뻗어나가고 있고 메타버스를 이해하지 못하고서는 시대적 흐름에 도태될 것이며 새로운 비즈니스 모델 발굴이 쉽지 않을 것이라는 것을 몸소 느끼고 있다.

메타버스는 초월을 의미하는 메타(Meta)와 세계 우주를 뜻하는 유니버스(Universe)의 합성어로 현실과 연동된 가상의 세계를 뜻한다. 초창기엔 게임 속 세상으로 치부됐지만 기술의 발전에 힘입어 아바타로 구현된 개인이 서로 소통하고 소비하며 현실세계와 가상세계를 연동하는 개념으로 확장되고 있다. 대표적인 메타버스로는 로블록스, 제페토, 포트나이트 등이 있으며 이제는 소통을 넘어 상거래와 다양한 마케팅 활동이 이뤄지고 있다.

특히 메타버스 안에서 패션 기업들의 마케팅 전략이 눈에 띈다. 루이비통은 리그 오브 레전드와 협업해 캐릭터의 스킨(옷, 아이템)을 제작하고 판매했으며 구찌는 네이버제트와 제휴를 맺고 제페토에서 3D 구찌 월드맵을 구현했다. 구찌 특유의 색감과 패턴을 입힌 의상과 가방, 액세서리 등 60여 종의 아이템을 제페토에서 선보였고, 사용자들은 이를 구매해 아바타를 꾸몄다. 실제 6월 메타버스에서 구찌의 '디오니서스 디지털 전용 가방'이 약 465만 원에 거래되기도 했다.

엔터테인먼트 분야도 메타버스를 적극 활용하고 있다. 포트나이트는 EDM DJ 마시멜로와 버추얼 콘서트를 개최해 수천만 명이 동시 접속한 기념비적인 이벤트를 만들어 냈으며 미국 래퍼인 트래비스콧 또한 포트나이트 안에서 라이브 콘서트를 펼쳐 약 1,200만 명의 시청자를 기록했다. SM 엔터테인먼트의 4인조 걸그룹 에스파는 데뷔 전부터 자신의 또 다른 자아인 아바타를 만들어 현실 공간과 가상공간에서 각기 다른 방식으로 활동하고 있다.

메타버스는 더 나아가 산업 측면에서 협업 도구로 주목받고 있다. 국내의 디지포레가 KAIST와 함께 개발하는 제조AI메타버스팩토리는 가상 공장을 구현, 인공지능으로 불량 원인을 탐지하고 세계 어디서나 동시 접속을 통해 협업을 가능케 했다.

　MICE산업에 있어서도 메타버스는 코로나19의 장기화와 IT기술의 발달로 주목받고 있다. 코로나로 인해 오프라인 모임이 힘들어지자 많은 주최자들은 온라인과 메타버스로 행사를 옮겼다. SK텔레콤과 순천향대학교가 협력해 21학번 신입생 입학식을 메타버스로 진행했고, 건국대와 숭실대는 대학교 축제를 메타버스에서 개최했다. 건국대는 플레이파크와 협업했으며 숭실대는 게더타운을 활용해 축제를 진행했다. 건국대 축제의 경우 3일간 누적 가입자 수가 5,500명을 기록, 성공적인 성과를 낳았다. 삼성전자, 현대자동차, LG이노텍은 메타버스 채용설명회를 진행했다. 쌍방향 소통이 특징인 메타버스 채용설명회는 자신을 대체하는 캐릭터를 만들어 입장한 뒤 인사담당자로부터 직무 설명을 듣고 자유롭게 질의응답할 수 있다. 기업 입장에선 시간 및 장소 등 물리적 제약 없이 채용을 진행할 수 있고, 구직자는 궁금한 점을 실시간으로 해결할 수 있는 장점이 있다.

　2021년 소상공인시장진흥공단은 메타버스 플랫폼인 게더타운을 활용해 주니어보드 회의를 개최했다. 단원 22명이 게더타운의 가상회의실에서 모여 올해 의장 선출을 시작으로 공단 내 경영·조직·문화·지원사업 등 전 분야에 대해 의견을 교환했다. 2021 서울 유엔 평화유지 장관회의 준비기획단도 평화유지활동 분야 최대 규모 최고위급 회의체인 유엔 평화유지 장관회의 D-100 기념행사 및 금번 회의 서포터즈인 청년 피스키퍼 발대식을 이프랜드 플랫폼을 통해 개최했다. 전 세계 한국어 교육자와 연구자 및 평가 전문가가 모여 언어의 올바른 교육과 교육으로서의 평가에 대해 논의하는 2021 세종학당재단 언어평가 국제학술회의도 메타버스와 온라인을 통해 비대면으로 진행됐다. 위와 같이 회의 및 포럼 등이 점차 메타버스로 이동하고 있는 추세다.

메타버스가 유용한 측면은 여러 가지다. 우선 시간과 공간의 제약을 뛰어넘을 수 있으며 창의적인 시도를 할 수 있다는 점이다. 메타버스는 인터넷이 가능한 곳에서는 어디서든 접속이 가능한 장점이 있다. 또한 기존에는 아이디어 구현에 있어 렌더링 및 스토리보드 구성의 제약으로 인해 창의적인 아이디어 구현이 비교적 어려웠지만 메타버스 안에서는 실시간으로 움직이는 가상월드이기에 중간중간 창의적인 아이디어를 이미지로 구현해낼 수 있다.

두 번째로는 인피니트 오피스로 활용될 수 있는 부분이다. 오프라인에서는 책상 모니터나 화이트보드로 제약되던 업무진행이 가상오피스에서는 모니터를 제한 없이 띄울 수 있고, 내가 구상하는 아이디어와 관련된 조형물을 전시해 놓을 수도 있다. 보너스로 메타버스에서의 아바타는 참여자로 하여금 수직적인 관계에서 벗어나 수평적인 관계를 형성하는데 도움을 줄 수 있으며 회의의 효율성을 높여 줄 수 있다.

대전컨벤션센터도 국내 최초로 메타버스 기반 디지털 전시장 구축 작업을 진행하고 있다. 대전컨벤션센터 제1전시장과 새롭게 설립된 제2전시장 내부와 주변을 메타버스로 구현해 방문객이 실제로 전시회에 온 것 같은 환경을 조성하고 답사 및 상담 예약 진행 기능을 도입하며, 나아가 참가기업과 방문객이 실시간 소통 가능한 사용자 환경을 구축한다는 계획이다. 이를 위해 실제 전시장과 같은 형태의 3D 모델링을 통해 체감형 가상 공간을 조성하고 템플릿화 된 부스를 통해 가상 전시회를 직접 구성할 수 있는 플랫폼

을 구축할 계획이다.

이제 메타버스를 논하지 않고서는 산업의 미래를 논하기 힘들다. 온라인과 디지털 시대를 적극 수용해야 하는 시점이다. 나도 개인적으로 자주 사용하지는 않지만 제페토와 이프랜드 계정을 만들어 사용하고 있으며 줌과 게더타운을 통해 다수의 회의를 진행한다.

오프라인의 반격

이에 맞서 오프라인 시장도 온라인 시장에 잠식당하지 않기 위해 부단히 노력하고 있으며 오프라인에서만 경험할 수 있는 부분을 차별화하고 있다. 메타버스와 온라인의 수많은 장점에도 불구하고 오프라인을 대체할 수 없는 요소들이 분명히 있으며, 오프라인 또한 장점을 최대화할 경우 온라인을 뛰어넘을 수 있다.

　현재 미국, 더 나아가 전 세계로 아마존은 영역을 넓히고 있다. 리테일 분야에서는 "당신의 사업은 아마존화될 것이다."라는 표현까지 있다. 미국의 유통을 정복하고 있는 아마존에 의해 시어스, 토이저러스, 제이씨페니가 무릎을 꿇었으며 미국의 최대 유통기업인 월마트도 위기에 처했다. 위기 타개를 위해 월마트는 자신의 강점인 오프라인 매장을 백분 활용했다. 월마트는 미국 전역에 신경망처럼 퍼져 있으며, 미국인의 91%가 5,000개에 달하는 월마트 매장에서 15km 반경 안에 살고 있다. 고객 입장에서는 제품을 구매하면 당장 받고 싶어 하며 파손 위험이 있거나 가격이 높은 제품 배송에 대해 불안감이 있는 것은 사실이다. 월마트는 오프라인 매장을 활용해 고객들이 자사 홈페이지에서 물품을 구매하고 가까운 월마트 매장에서 제품을 픽업해 갈 수 있도록 '커브사이드 픽업' 방식을 적극 활용, 아마존에 성공적으로 대항하고 있다(《디지털로 생각하라》, 신동훈·이승윤·이민우 저).

　베스트바이는 미국 전자제품, 컴퓨터, 오락용 기기 및 소프트웨어 전문 소매업체다. 한때 미국에서 서킷시티와 함께 전자제품 및 컴퓨터 관련 최고의 기업으로 손꼽혔지만 디지털로 무장한 아마존과 애플 등에 속수무책으로 시장을 내주고 있었다. 이에 베스트바이는 소비자들이 온라인 쇼핑에서 충족되기 어려운 욕구를 오프라인에서 만족시켜 주는 전략을 택했다. 소비자들은 전자제품을 구입하기 전에 실물을 살펴보고 싶어 하며 제품 구매 후 애프터서비스를 필요로 한다는 것에 착안했다. 베스트바이는 판매원의 고객 응대 및 고객경험 향상에 중점을 뒀다. 제품을 살 때 판매원이 고객과의 대면응대를 통해 제품을 설명하고 실제 사용할 수 있도록 안내해 줌과 동시에 제품 구매 후에는 설치, 사후관리까지 모든 고객경험을 관리해 주는 서비스를 제공했다. 대면 서비스를 통해 베스트바이는 제품판매에서 경험판매로 거듭난 것이다《디지털로 생각하라》, 신동훈·이승윤·이민우 저).

교육에 있어서도 오프라인의 강점을 무시할 수 없다. 지식 전달의 기능에 있어 온라인과 메타버스를 활용해 효율성을 제고할 수는 있겠지만, 학교가 주는 사회 공동체 경험의 장을 대체할 수는 없다. 메타버스 안에서의 아바타는 실제 표정이 아닌 단순화된 표정이기에 대인 관계의 훈련 정도에 큰 차이가 있을 것이다. 심지어는 개인의 감정을 표현하고 소통하는 능력이 퇴화될 수도 있다. 학교가 주는 대인관계와 공동체 훈련의 경험은 오프라인에서 완성될 수 있다. 또한 교육이라는 것은 선생님에서 학생으로 일방향으로 전수되는 흐름이 아닌, 선생님과 학생의 대화를 통해서 지식 전달 이상의 가치를 만들어낼 수 있어야 한다. 이러한 면에서 오프라인 수업은 없어지지 않을 것이다《공간의미래》, 유현준 저).

MICE산업도 마찬가지다. IT기술의 발달과 코로나19의 장기화로 화상회의, 온라인 전시회, 메타버스 등 디지털로 전환되고 있지만, 네트워킹 및 관계구축에 있어서는 오프라인에 비해 한계가 있다. MICE와 호텔, 환대산업은 사람과 사람 간의 접촉과, 판매자와 고객 간의 네트워킹을 통해 완성된다. 로봇과 메타버스가 몰려온다 해도 관계를 무인화하거나 자동화할 수는 없다. 그렇기에 기업과 전시 주최자들, 바이어들 역시 가장 직접적이고 상호성이 있는 오프라인 비즈니스의 효용성을 결코 외면하지 않는다. 전시회도 오프라인만이 줄 수 있는 '세런디피티', 즉 우연한 발견의 기회가 있다. 수많은 기업들이 최신의 기술과 제품을 가지고 나오는 곳이 전시회이고, 바이어의 입장에서는 우연한 발견의 기회를 찾기에 더없이 좋은 공간이다. 다수의 국제회의와 학술회의가 온라인을 병행하면서도 오프라인을 고집하는 이유도, 정상회담 진행시 가능한한 직접 만나려는 이유도 관계와 신뢰를 구축하고 상징성을 부여하기에 물리적인 시간을 들여서라도 사람 대 사람 간의 만남을 진행하는 이유다.

서두에서 언급한 것과 같이 바야흐로 메타버스 시대다. 메타버스에 진입해야만 Z세대의 마음을 선점할 수 있고 더 나아가 비즈니스를 선점할 수 있다. 게다가 아직까지는 큰 경쟁 없이 메타버스를 선점할 수 있는 시기다. 하지만 아직까지는 VR 기반보다는 게임을 기반으로 메타버스가 발전하고 있는 경향을 보이고 있으며 HMD(Head Mounted Display)를 써야 하는 불편함도 있다. 게다가 약간의 어지러움을 느낄 수 있는 등 기술의 발전이 더 필요한 상황이다. 이러한 장단점을 감안해 메타버스호에 승선해야 할 것이다. 무엇보다 영원히 죽지 않을 오프라인의 중요성을 절대로 간과해서는 안 된다. 메타버스가 제아무리 발전해도 오프라인의 경험을 100% 흉내 낼 수는 없다. 오프라인의 스킨십으로 얻게 되는 직관적인 커뮤니케이션을 메타버스가 메꿔주긴 어렵다. 메타버스를 통해 참가자 및 소비자의 데이터를 효율적으로 수집할 수 있겠지만 오프라인 매장은 소비자들과의 직접 대면을 통해 소비자의 반응을 직접 살피고 데이터를 수집할 수 있다. 메타버스가 절대로 대체하지 못하는 영역을 오프라인은 가지고 있다. 게다가 오프라인은 디지털의 힘을 빌려 그 강점을 더욱 극대화할 수 있다. 무엇보다 사람이 중심인 MICE산업에 있어 오프라인은 죽지 않을 것이다.

노잼도시 4인방? 우리에겐 MICE가 있다!
MICE 선도 도시, '대전·광주·울산·청주'의 숨겨진 매력을 찾아서~

대전·광주·울산·청주는 우리나라에서 우수한 인프라와 대규모 인구수를 보유하고 있다. 대전, 광주, 울산은 광역시며 청주 또한 인구가 꾸준히 늘어나는 84만 명 이상의 대도시다. 모두 우리나라를 대표하는 도시로서 손색이 없으며 저마다의 특색을 가지고 있다. 나 개인적으로도 엑스포의 기억이 함께하고 온천이 좋았던 대전, 떡갈비, 상추튀김 등 우리나라 최고의 음식 맛을 자랑하는 광주(상무지구에서의 불금 포함)는 물론이고 청남대를 보유한 청주와 우리나라 중공업의 메카이자 순천만 국가정원과 쌍벽을 이루는 태화강 국가정원을 보유한 울산은 반드시 가야 할 도시로 손꼽고 있다. 하지만 외국인 관광객뿐만 아니라 국내 관광객 또한 이들을 노잼도시라고 부르며 외면하고 있다.

우선 노잼도시 4인방 중 1,2위를 다투는 대전은 지리적 특성상 전국 어디서나 2~3시간 안에 도착이 가능한 교통의 요지다. 우리나라 과학의 중심지이자 벤처기업의 도시인 대전은 대덕연구개발특구, 국제과학비즈니스벨트, 국방과학연구소, KAIST가 소재한 최대의 과학 연구도시이자 비수도권에서

태화강 선바위_ 울산(사진 출처_ 한국관광공사)

벤처기업, 스타트업들이 제일 활성화된 지역이다. 대전은 우리나라에서 가장 살기 좋은 도시 중 하나로 선정됐으며, 의료·환경·경제적으로도 가장 우수한 도시 중 하나다. 화려하진 않지만, 장태산 휴양림, 계족산, 대청호 500리길, 뿌리공원, 엑스포공원 등 휴양과 힐링의 명소들이 많으며 전 국민이 아는 미쉐린 가이드에도 소개된 적이 있는 '성심당'은 대전 최고의 명소이자 명물이다(《호텔앤레스토랑》 매거진, '스마트 관광과 MICE 호재 기대되는 대전').

그동안 관광지로서는 불모지라는 인식이 컸던 대전은, 2020년 8월 오픈한 대전 신세계아트앤사이언스와 호텔 오노마 대전 오토그래프 컬렉션으로 문화관광의 중심지로 급부상하고 있다. 이곳은 럭셔리 브랜드 등의 쇼핑은 물론 과학과 문화·예술을 아우르는 콘텐츠도 가득하다. 실내 스포츠 테마파크인 '스포츠 몬스터', 디지털 미디어를 활용한 2만여 마리의 해양생물이 전시된 아쿠아리움, 예술 작품이 가득한 193m 높이의 아트 전망대인 '디아트 스페이스 193', 대전을 가로지르는 갑천을 조망할 수 있는 옥상정원 등 다양한 체험형 시설이 들어섰다. 무엇보다 대전·충청권 최고급 호텔인 '호텔 오노마'는 171개의 객실과 400평 규모의 수영장과 피트니스 시설을 구비, 국

내외 레저 관광객과 MICE 참가자를 유인할 충분한 동기가 된다.

대전과 함께 노잼도시 쌍두마차인 울산은 국내 도시 가운데 최고 GDP를 자랑하는 도시며 산업 도시의 상징이다. 가장 많은 중공업 회사가 위치한 중공업 도시의 상징으로 불릴 만큼 공단이 넓게 퍼져있으며 인력과 기술이라는 산업인프라가 그 어느 도시보다 확실히 구축돼있다. 그에 반해 문화시설과 놀거리가 부족해 대전과 노잼도시 왕좌를 치열하게 다투고 있다.

이러한 울산에서 가장 핫한 관광지는 태화강 국가정원이다. 태화강 국가정원은 순천만 국가정원과 함께 국가정원의 양대산맥이며 도심부에 위치해 있다. 태화강 정원은 갈대밭, 억새군락지와 십리대 숲으로 유명하며 1년 내내 예쁜 꽃과 식물들로 꾸며져 있다. 순천만공원에 비해 아직 인지도만 낮을 뿐 풍경은 그에 못지않다. 이 밖에도 대장암공원과 길이 222m의 출렁다리, 고래문화마을이 있다. 장생포 고래문화마을은 고장생포 옛마을, 고래조각공원, 선사시대 고래마당 등으로 꾸며져 있으며 장생포 옛마을은 고래잡이가 활발했던 1960~1970년대의 울산 장생포 풍경을 재현한 곳이다. 무엇보다 단풍과 억새의 명소인 '영남알프스' 또한 울산에 소재하고 있다. 이곳은 가을이면 곳곳의 황금억새평원에 나부끼는 순백의 억새가 환상적이라 관광객의 발길이 끊이지 않고 있는데, 많은 이들이 직접 방문하기 전에는 울산에 소재하고 있다는 사실을 잘 모르고 있다.

대전과 울산의 왕좌를 노리고 있는 도시가 있으니 바로 문화도시 광주다. 광주는 2015년 개관한 국립아시아문화전당이 소재한 도시로 1년 내내 다양하고 역동적인 전시·공연·교육·축제 프로그램이 펼쳐진다. 그리고 광주시립미술관과 광주시립박물관에도 1년 내내 방문객이 끊이질 않는다. 하지만 이러한 문화시설로만으로는 광주시민과 방문객들의 만족도를 다 채워주지는 못하고 있으며, 더 높은 즐거움을 찾아 인근으로 떠나는 실정이다.

사실 광주를 깊이 들여다보면 노잼도시라고 부르기 힘들다. 우선 그 어느 도시보다 많은 맛집을 보유하고 있어 미식관광에 있어서는 '수퍼 유잼 도시'다. 광주의 지역별 다양한 맛집은 차치하고서라도 대표적으로 유명한 '광주5미'인 김치, 한정식, 무등산 보리밥, 오리탕, 떡갈비만 보더라도 다른 도시의 맛을 압도한다. 먹거리 미식관광 또한 여행과 체험에 있어 큰 부분을 차지하기에 광주가 노잼도시 1위가 될 수 없는 이유다. 관광지 또한 자세히 들여다보면 레트로 느낌의 펭귄마을, 방공호 지하시설인 뒹굴동굴, 인생 샷 스폿인 청춘발산마을이 있으며 무엇보다 광주를 대표하는 무등산과 증심사도 빼놓을 수 없다.

노잼도시 3대장에 합류해 4인방을 만든 도시가 있으니, 바로 청주다. 청주는 충청북도의 심장이자 우리나라 대표 교육 도시다. 인구수도 광역시에 못지않으며 청주국제공항, 오송역 KTX, 고속버스터미널로부터 접근할 수 있는 최적의 교통편의를 자랑하고 있다. 아쉽게도 그동안 이 세 거점에서 청주를 알리는 특별한 활동이 다소 부족했으며 랜드마크라고 일컬을 만한 곳이

모호했다. 청주에는 산업단지가 많고 한국교원대학교, 청주교육대학교 등이 위치해 비즈니스 출장객, 교육 관계자와 학생들의 방문은 많았으나 뚜렷한 관광목적지로의 이미지는 약했다.

하지만 청주에는 그동안 관광객들에게 알려지지 않은 숨은 매력의 관광지들과 이야기가 풍성하다. 남쪽의 청와대라 불리는 청남대, 조선시대에 지어진 성곽인 상당산성, 세종대왕이 한글 창제 당시 요양 차 지냈던 초정리 행궁 등이 그것이다. 청남대는 대청호를 끼고 있어 수려한 경관과 맑은 공기를 자랑할 뿐만 아니라, 개장 이후 11년 만에 관광객 800만 명 이상이 다녀간 대통령 테마 관광명소다. 상당산성은 성곽 중에 가장 잘 보존된 산성 중 하나로 조선시대 성곽의 형태뿐만 아니라 주변의 자연 풍경이나 이동로의 구조까지 잘 보존돼 있다. 2020년 보건된 초정리 행궁에는 편전, 침전, 왕자방, 수라간 등이 들어섰고, 활용영역에 족욕 체험을 할 수 있는 원탕행각, 전통찻집, 세종대왕행차 전시관이 있다. 청주시는 '초정행궁 2단계 사업'의 일환으로 세종창의마을(초정행궁) 교육·전시 콘텐츠 제작·설치를 진행할 계획이다. 이외에도 수암골, 문의문화재단지 등 숨겨진 관광지가 풍부해 노잼도시라고 절대 말할 수 없다.

대전, 울산, 광주, 청주 4인방 노잼도시는 이처럼 숨겨진 풍부한 매력을 가지고 있지만, 무엇보다 MICE를 통한 도시브랜딩과 볼거리, 즐길거리 창출을 통해 '핵잼도시'로 탈바꿈하고 있다.

대전은 과학도시의 위상에 걸맞게 2015 OECD 과학기술장관회의, 2018 국제수리지질학회총회, 2019 아시아오세아니아방역협회총회 등 다양한 과학 국제행사를 성공적으로 개최했으며 이외에도 2015 세계양봉대회, 2018 국제

낙농연맹연차총회, 2017 아시아·태평양 도시정상회의 등을 유치 명실상부한 국내 TOP MICE 도시 중 하나다. 올해는 45개국 516개 도시 6,200명 이상의 중역들이 참가하는 세계지방정부연합(UCLG) 총회가 개최되었으며 1만㎡ 규모의 제2전시장 개관과 함께 대전의 MICE는 더욱 탄력을 받을 예정이다.

울산은 2021년 4월 29일 개관한 울산전시컨벤션센터를 필두로 경남권 MICE 중심지로 발돋움하고 있다. 울산국제아트페어, 캠핑&레저차량박람회, 울산홈·리빙스타일링페어 등 다양한 콘텐츠를 통해 시민들에게 다양한 행사와 문화공연을 즐길 수 있게 함과 동시에 비즈니스 방문객을 위한 전시장과 회의실로서의 기능도 제공하고 있다. 울산 국제수소에너지전시회 및 포럼, 울산 스타트업 페스타, 울산안전산업위크 개최 등 개관과 함께 공격적으로 주관 전시회를 발굴·육성하고 있으며, 울산의 거대한 산업단지를 배후로 다양한 비즈니스 교류의 장을 만들어내고 있다.

광주는 2015 국제디자인연맹총회, 2019 국제전자예술심포지엄 개최 등 이미 MICE 도시로서 입지를 다지고 있었으며 2019년 국제회의복합지구 지정을 계기로 MICE 목적지로서 박차를 가하고 있는 중이다. 광주 복합지구 슬로건은 '광주 MICE 파크'로 복합지구를 구획되고 분리된 공간이 아니라 누구든 편히 오가는, 일상 속 공원과 같은 곳으로 만들겠다는 의미를 담아 '파크'라는 이름을 지었다고 한다. 광주에서는 격년으로 열리는 광주 비엔날레, 그리고 세계적인 에너지박람회로 자리매김하고 있는 빛가람국제전력기술엑스포가 매년 개최되고 있으며 우리나라 최고의 유니크 Venue로서 국립아시아문화전당에서는 2019 한-아세안 특별장관회의, 제7차 아셈문화장관회의 등 인지도 있는 국제회의가 개최된 바 있다. 무엇보다 스포츠 MICE의 메카로서 2015 광주 하계유니버시아드대회, 2019 광주 FINA 세계수영선수

권대회를 개최했으며 최근에는 2025 세계양궁대회까지 유치하는 쾌거를 이뤘다.

위의 3개 도시에 비해 청주는 아직 MICE 도시로서의 인지도는 미약하지만, 향후 오송컨벤션센터 건립과 함께, 청주 MICE의 무한한 가능성이 기대된다. 오송컨벤션센터는 청주시 오송읍에 2024년 개관을 목표로 전시장 규모는 1만 32㎡, 2,000명 이상 수용가능한 대회의실이 들어선다. 오송은 우리나라 바이오메카이자 관련 시설들이 집적돼 있으며, 2013년부터 청주 오송을 중심으로 전국 최초의 화장품 뷰티 박람회인 '오송화장품뷰티산업엑스포'를 매년 개최하고 있다. 또한 청주는 직지 발행의 본고장으로 2021 직지 국제포럼을 열었으며 국제기구인 유네스코 국제기록유산센터가 2023년 준공됨과 함께 MICE 유치에 탄력을 받을 것으로 전망된다.

비록 '노잼도시 4인방'이라는 누명이 씌어졌지만, MICE로서의 성과와 미래 전망만 보면 이보다 재미있는 도시들이 있을 수 없다. MICE로 인해 노잼도시에서의 탈출이 기대되는 4인방은 MICE 이외의 숨겨진 매력 발산으로도 우리나라 핫 관광지로서의 미래를 꿈꾼다. 이제 신세계아트앤사이언스와 호텔 오노마 오토그래프 컬렉션이라는 랜드마크를 보유한 대전, 관광콘텐츠 개발과 인프라 확충을 통해 'Fun-City' 조성을 속도감 있게 추진하는 광주, 고려시대 '울주8경'이자 진주 촉석루, 밀양 영남루와 더불어 영남을 대표하는 울산 태화루 등 은근히 역사유적지가 많은 울산, 수암골 등 예능과 드라마 등에 노출이 많아지고 있는 청주, 노잼도시가 아니라 '핵잼도시 4인방'으로 거듭날 날이 멀지 않았다.

New MICE 마케팅

 2020년대, 4차 산업혁명과 함께 산업 전 분야의 디지털 전환에 발맞춰 마케팅에 있어서도 새로운 패러다임을 맞이하고 있다. 자칭 마케터라 자부(?)하는 나는 이 혼돈의 시대에 나름 디지털 마케팅과 새로운 트렌드의 마케팅 기법을 습득해가며 수원의 도시마케팅과 MICE 유치마케팅을 주도(?)해 나가고 있다. 현재는 마케팅의 카오스 시대이자 동시에 르네상스 시대다. 새로운 패러다임을 맞아 판도를 똑똑하게 읽어내면 더 큰 기회를 잡지만, 그렇지 못하면 고꾸라질 수 있다.

 코로나19의 장기화와 환경오염, 그리고 기후변화로 MICE산업도 행사 운영과 마케팅에 있어 많은 변화가 있었으며 향후 이러한 변화는 더 가속화될 것으로 보인다.

MICE 유치마케팅

  - 지속가능성

 전 세계적으로 기후변화, 환경오염 등이 국제적인 이슈가 되자 각국 정부, 지자체 등도 탄소중립, 1회용품 사용 최소화, 플라스틱 재활용 등 환경

보존에 심혈을 기울이고 있다. MICE 주최자 입장에서도 지속가능한 MICE 개최, 친환경 그린 MICE 개최에 신경 쓰지 않을 수 없으며, 개최지 선정에 있어서도 친환경 도시, 친환경 Venue를 선호하게 됐다. 이에 MICE 유치를 추진하는 도시들은 도시의 친환경 정책, 그리고 Venue에서의 지속가능 MICE 행사 운영, 전시컨벤션센터 및 호텔의 친환경 건축 및 운영을 어필하고 있으며, 실제 다수의 주최자가 이러한 부분을 감안해 개최지를 선정하는 추세다. 전 세계 Venue와 호텔들은 이러한 추세에 맞춰 그린카드, 어스아워, 어메니티 교체 최소화 등 환경 관련 캠페인을 활발히 진행하고 있으며 MICE 개최 시에도 배너, 현수막, 종이 사용을 최소화하고 친환경 전시부스와 대중교통 이용을 장려하고 있다.

2020년대 들어 소비자들 사이에서, 특히 MZ세대 사이에서 가치소비, 착한소비에 대한 신념이 강해지면서 MICE 유치에도 조금씩 영향을 미치고 있다. 가치소비는 지속가능하고 윤리적인 소비로서, 소비자들은 환경과 사회문제를 모두 고려해 상품과 서비스를 구매한다. 환경과 결부되는 가치소비는 특히 비건(Vegan, 완전한 채식주의자) 및 채식과 함께 자주 언급되며 비거니즘의 확산에 따라 동물권리에 대해 고민하는 사람들이 동물에게 얻을 수 있는 식품을 먹지 않는 것을 넘어 동물성 소재를 사용하는 패션을 지양하고 동물성 원료를 사용하는 뷰티제품 사용도 지양하는 데서 알 수 있다. 이에 따라 MICE 개최 시 해당 Venue 및 인근에 베지테리언 식당 또는 비건 식당 유무와 도시의 지속가능 경쟁력도 MICE 유치 시 검토되고 있는 추세다.

– 온라인

코로나19로 오프라인 홍보가 어려워지자, 도시 및 Venue의 홍보마케팅도 모두 전통적인 MICE박람회 및 로드쇼, 매거진 광고, 팸투어에서 온라인으로 넘어왔다. 무엇보다 시공간적인 제약이 없는 소셜미디어를 활용한 디지털 형태의 글로벌 마케팅이 활성화되고 있다. 국내·외 주요 CVB들은 소셜미디어를 적극 활용해 MICE 개최지로서의 도시 홍보와 함께 잠재수요발굴을 위해 도시의 특색 및 성격을 반영한 콘텐츠를 활발히 만들어내고 있다. UIA 국제회의 순위에서 늘 최고순위를 기록하고 있는 아시아 대표 MICE 도시인 싱가포르 컨벤션뷰로는 여러 소셜미디어 채널을 링크드인(LinkedIn)으로 일원화해 운영하고 있다. 평균 주 4~5회로 꾸준히 포스팅하고 있으며 3만 2,000여 명의 팔로워를 중심으로 활발히 메시지를 전달하고 있다. 시드니 컨벤션뷰로는 링크드인과 트위터 등 소셜미디어 채널을 이원화해 운영하고 있다. 1만 2,000여 명의 팔로워를 보유하고 있는 링크드인이 대표 SNS 채널이라고 볼 수 있으며 채널별 최대 주 5회 주기로 메시지를 업데이트하고 있다(《코로나19 시대 해외 주요 컨벤션 개최지 SNS 마케팅 비교, MICE Intelligence》, 김현정 저).

서울관광재단도 유튜브 채널, 인스타그램 채널 운영은 물론, 세계 최초로 3D 가상회의 플랫폼인 '버추얼 서울 플랫폼'을 개발, 서울의 MICE 인프라와 개최지 서울을 효과적으로 마케팅하고 있다. BEXCO, 울산전시컨벤션센터, 수원컨벤션센터 또한 유튜브 채널 운영, 다양한 SNS를 활용한 홍보를 공격적으로 추진하고 있다. 전 세계적으로 유튜브의 영향력이 커지자 유튜브를 활용한 홍보마케팅뿐만이 아닌 자체적으로 유튜브 채널을 운영하는 Venue가 늘어나고 있다. 특히 최근의 추세는 Venue에 대한 이해도가 누구

보다도 높은 Venue의 임직원을 출연시켜 해당 Venue에 대한 관심도를 제고시키고 있다. 국가와 도시별로 대표 SNS 채널은 상이할 수 있지만 링크드인, 트위터, 페이스북, 인스타그램 등을 이전보다 활발하게 공격적으로 사용하는 현상을 볼 수 있다.

- 개인화 마케팅 : 뉴스레터

넘쳐나는 광고와 홍보 콘텐츠 속에서 주목해야 할 부분이 바로 '1:1 맞춤형 마케팅'이다. 이제 개인은 불특정 다수를 상대로 하는 마케팅이 아닌, 나만을 위한 나만의 제품을 홍보 받는 느낌을 받고 싶어 한다. 이처럼 개인화된 1:1 맞춤형 마케팅에 최적화된 홍보 툴로 '뉴스레터'가 떠오르고 있다. 정보의 홍수 속에서 구체적인 키워드를 지정해 스스로 정보를 발굴해야 하는 검색엔진과 SNS와는 반대로 뉴스레터는 사적인 커뮤니케이션 감각을 표방한다. 이메일은 온라인상에서 이뤄지지만 본질적으로 1:1 소통을 전제로 한 편지다. 비록 뉴스레터는 다수의 개인에게 배포되지만 수신하는 개인은 개인적으로 소통하고 있단 느낌을 받는 것이다(《2022 트렌드노트》, 신수정 외 저).

MICE업계를 구성하는 CVB, PCO, PEO, 전시컨벤션센터, 호텔 등도 고객들이 원하는 전문적 깊이와 내용의 지식과 정보를 전달하기 위해 꾸준히 뉴스레터를 발송하고 있으며, 최근엔 감각적인 영상까지 함께 발송해 관심을 이끌어내고 있다. 또한 주요 고객과 충성고객의 DB를 CRM(Customer Relationship Management)과 PMS(Property Management System) 시스템을 통해 프로파일링해 맞춤형 콘텐츠를 제공하고 있다. 여기에 AI에 힘입어 더욱 정교화된 콘텐츠 추천과 1:1 맞춤형 마케팅 추진이 가능해졌다.

― PPL

도시마케팅에 있어 영화 및 드라마 PPL은 여전히 유효한 전략이다. 해당 도시의 관광자원과 보유 스토리는 PPL의 힘을 얻어 더욱 진가를 발휘할 수 있으며 관광객 및 MICE 참가자의 방문 결정 요소로 작용할 수 있다. 코로나19 이전에는 편리한 교통발달의 힘으로 비교적 이동이 자유로웠으나, 팬데믹 시대의 현재는 해당 도시에 반드시 가야만 하는 요소가 있지 않으면 참가를 주저하게 되고 온라인 참가로 대체되곤 한다. 이에 따라 해당 도시는 MICE 유치를 위해 반드시 참가자가 방문할만한 요소를 제공해 줘야 하며, 그 일환으로 영화·드라마 PPL이 작용할 수 있다.

영국을 상징하는 랜드마크는 수없이 많다. 의회 민주주의의 상징인 국회의사당, 세계 3대 축제 중 하나인 에딘버러 국제 페스티벌이 열리는 에딘버러성, 세계적인 록밴드의 비틀즈 등이다. 여기에 또 하나의 스토리가 추가됐다. 2000년대 영국뿐 아니라 세계적인 열풍을 이끌었던 해리포터 소설과 영화다. 해리포터는 영국이 배경이며 영화 또한 영국 배우들과 함께 영국에서 촬영됐다. 관광객 유치를 위해 영국의 수많은 도시들이 서로 자신들이 영화의 주요촬영지로 어필했다. 영국 옥스퍼드대학교, 안위크성, 런던 등이 영화촬영지로서 해리포터와 연결해 스토리를 만들었다. 해리포터와 마찬가지로 미국 HBO에서 방영한 판타지 TV시리즈 '왕좌의 게임'도 최고의 인기를 구사하며 동시에 촬영지였던 스페인 바스크, 크로아티아 두보로브니크 로브리예나치 요새 등도 인기 관광지로 각광받았다. 한국도 전 세계적인 한류 바람을 불러일으켰던 '대장금'의 촬영지였던 한국민속촌, 대장금파크, 화성행궁을 앞세워 관광객 유치를 추진했다. 특히 넷플릭스의 '오징어게임'을 앞세운 K-콘텐츠는 향후 촬영지로서 더욱 매력을 어필할 수 있을 것으로 기대된다. 영화·드라마 PPL은 도시의 스토리를 풍성하게 해줌으로써 도시마케팅에 일조하는 동시에 MICE 유치에 있어 매력적인 유인요소로 작용하고 있다.

- 임직원

MICE 유치에 있어 해당 도시와 Venue를 가장 잘 이해하고 있는 사람이 바로 임직원이다. 콘텐츠가 빠른 시간 안에 많은 사람들에게 공유되길 원한다면, 공식 홈페이지 및 SNS 채널뿐만 아니라, 내부 임직원들의 SNS 계정까지 콘텐츠 유통 경로로 활용할 수 있어야 한다. 임직원들은 MICE 업계에 몸담고 있는 구성원으로, 그들이 SNS를 통해 관계를 맺은 사람들의 상당 부분은 MICE 업계 종사자일 가능성이 높다. 유용하고 흥미 있는 콘텐츠는 그들 사이에 대화의 소재 거리로 사용될 수 있고, 더 나아가 긍정적인 이미지를 만들어갈 수 있다.

MICE 참가자 및 참석자 모객

실제 MICE가 유치되거나 개최 시 가장 중요한 요소가 참석자 및 참가자 모객이다. 아무리 내용이 훌륭하고 잘 기획된 MICE라 할지라도 참석률이 저조하면 성공적인 행사로 평가받기 힘들기 때문이다. 이에 MICE 홍보의 중요성은 아무리 강조해도 지나치지 않다.

- 라이브커머스

코로나19로 인해 비대면 MICE개최가 활성화되면서 전시회도 온라인과 오프라인을 병행하게 됐다. 오프라인으로 참가한 셀러들은 코로나와 거리두기로 인해 줄어든 바이어와 소비자들과의 접점을 늘리고자 라이브커머스를 활용하고 있다. 한국전시산업진흥회와 네이버 쇼핑라이브는 온라인을 통한 국내 전시산업의 활성화 및 전시회 참가기업의 판로개척을 위한 협약을 체결했다. 이를 계기로 온라인으로 전시장을 볼 수 있는 랜선박람회와 전시회 참가기업의 제품을 온라인에서 구매할 수 있는 커머스를 통해 오프라인 전시회의 보완재 역할을 하고 있다. 라이브커머스 시장규모는 작년 4,000억 원 수준에서 올해 약 2조 8,000억 원으로 7배가량 커질 전망이며 실시간 동영상 소통이라는 콘텐츠 형식 자체의 힘에서 MZ세대들에게 소구력이 큰 방식이다.

서포터즈

- 인플루언서

인플루언서를 활용한 참가자 모객도 각광받고 있다. KINTEX의 대표적인 게임 전시회인 플레이엑스포는 게임 관련 인플루언서를 고용해 전시회 및 참가기업 제품을 홍보했다. 인플루언서는 참가업체의 제품을 자신의 채널을 통해 홍보하고, 이에 관심을 가지는 참관객의 방문이 늘어남에 따라 성공적인 전시회가 됐다. 게임 관련 인플루언서 또한 자신의 콘텐츠 제작에 필요한 내용들과 환경이 제공되는 플레이엑스포를 최적의 장소로 인지하고 자발적으로 참여하게 돼 원원하는 구조를 만들어낸 것이다. 2021년 9월에 개최됐던 세계유산도시포럼 역시 유튜브 크리에이터인 한나를 연사로 초청함과 더불어 한나의 채널을 통해 사전홍보함으로써 많은 참관객을 유치할 수 있었다.

– 오프라인 카리스마

팬데믹으로 인한 이동의 제한으로 현재 그리고 앞으로는 반드시 참가해야만 하는 이유가 없다면, MICE 참가자를 유치하기 쉽지 않을 것이다. 오프라인 MICE가 온라인과 차별화된 생존 전략으로 단연 꼽는 것은 오프라인에서만 제공할 수 있는 고객경험, 즉 참가자 경험이다. 국제회의의 경우 지식공유와 트렌드 파악 등은 온라인이 대체할 수 있으나 네트워크 구축, 신뢰 형성 등은 온라인에서 제약이 따른다. 전시회도 오프라인만이 줄 수 있는 '세런디피티', 즉 우연한 발견의 기회가 있다. 수많은 기업들이 최신의 기술과 제품을 가지고 나오는 곳이 전시회이고, 바이어의 입장에서는 우연한 발견의 기회를 찾기에 더없이 좋은 공간이다. 즉 온라인이 대체할 수 없는 부분이다.

최근 MICE는 콘텐츠와 결합해 참가자들에게 독특하고 차별화된 경험을 전달하고 있다. 2021년 코엑스에서 개최됐던 '2021 서울리빙디자인페어'는 광주의 국립아시아문화전당과 협력해 '풍화, 아세안의 빛'이라는 미디어 아트 전시를 펼쳤다. 사람들은 가구나 인테리어 소품을 둘러보다 느닷없이 펼쳐지는 아름다운 아트 전시를 보며 자리를 뜨지 못했다(《경험 경제와 AI가 바꿀 MICE 산업, MICE Intelligence》, 이형주 저).

국제적인 MICE 개최 시 참가자가 반드시 참가해야 하는 이유를 제공할 수 있는 또 다른 부분이 관광 측면이다. 지속적으로 UIA, ICCA의 상위 랭크에 안착하는 파리, 런던, 바르셀로나, 마드리드도 주최자와 참가자들이 선호하는 글로벌 Top 관광도시다. 하지만 이제는 단순히 보는 것만이 아닌 특별한 체험이 있는 관광지를 선호하며 오직 그 도시에서만 체험할 수 있는 것이면 그 희소가치는 더 높아진다. 도시의 매력과 함께 중요한 고객 경험 요소는 MICE 행사에서의 차별화된 경험이다. 해당 회의에서 꼭 만나보고 싶었던 연사 또는 업계 전문가를 만날 수 있는 기회, 또는 해당 전시회에서 직접 제품을 보고 시연해 볼 수 있는 기회가 있는지의 여부 등이 참가요인이 될 수 있다.

- 서포터즈

마지막으로 서포터즈의 활용이다. 서포터즈는 특정 단체 또는 행사를 지지하고 응원하거나 이들의 발전이나 우승과 같은 목적을 달성할 수 있도록 지원하는 사람들의 모임이다. 중대형 MICE의 경우 서포터즈 운영을 통해 행사를 홍보함과 동시에 모객효과도 바라보고 있다. 서울 ODA 국제회의는 온라인 서포터즈를 모집했으며 세계산림총회 또한 대학생 서포터즈를 모집했다. 이들은 SNS를 통해 해당 회의를 홍보하며, 회의 관련 영상, 카드뉴스 등의 콘텐츠도 제작한다. 또한 오프라인 회의의 경우는 행사에 직접 참여해 지원한다. 도시 차원에서도 서포터즈를 운영하고 있다. 여수시, 강원관광재단, 대전마케팅공사, 수원컨벤션센터 등에서 MICE 서포터즈를 모집·운영하고 있으며 이들은 도시를 대표해서 콘텐츠를 만들고 온·오프라인 마케팅 활동을 통해 도시를 홍보한다.

다양한 플랫폼의 등장과 혼돈의 마케팅 시대에서 차별화된 마케팅과 새로운 소비 권력에 대한 이해가 필수다. 언택트와 디지털이 New 마케팅 변화의 중심에 있으며 환경 이슈 또한 간과해서는 안 된다. MICE업계도 변화하는 트렌드와 새로운 시대를 맞아, 기민하게 움직여 소비자의 취향과 감성을 읽음으로써 비교우위를 점할 수 있을 것이며, 나 또한 변화하는 트렌드에 발맞춰 달려 나갈 것이다.

CHAPTER II

외부 칼럼

협회 직원으로서의 경험
MICE산업에서의 나의 여정
Margaret Lu Kwai Ting

MICE 역대 최대 규모로 진행됐던
'환경분야 글로벌 메가 이벤트'의 투어이야기
최광지

관광청에서의 커리어 : MICE 마케터
Dan Durby

낭만 여수, 콘텐츠형 호텔이 지역관광활성화에 미치는 영향
최정원

경험, MICE산업을 재정의하다
강수정

협회 직원으로서의 경험
MICE산업에서의 나의 여정

글 **Margaret Lu Kwai Ting**

· 現 Malaysia Convention & Exhibition Bureau(MyCEB)
· 前 International Congress and Convention Association(ICCA)

'비즈니스 이벤트, 국제회의 비딩, 협회 직원, 국제회의 대사' 이러한 용어들이 나오면 우리 가족들에게서 침묵이 흐른다. 내가 짐작하기에 MICE 종사자 부모 3명 중 1명은 자녀가 무슨 일을 하는지 이해하지 못하고 '관광에 관련된…' 정도로 얼버무릴 것이다. 나는 MICE(Meetings, Incentives, Conventions, and Exhibitions)에 종사하는 사람으로서 산업에 대한 생태계와 종사자들의 업무에 대해 많은 이들이 이해하기 어려워한다는 것을 알고 있다. 그래서 더더욱 MICE산업과 나의 직업 여정에 대해 이야기하고 싶다.

어머니께 내가 무슨 일을 하는지 알고 계시냐고 물었더니 눈살을 찌푸리시며 "출장을 자주 가고 사람들 만나러 회의에 가겠지."라고 하신다. 그렇다. 사람을 만나는 것이 우리 산업을 가장 잘 압축시킨 적절한 키워드다. 왜냐하면 우리 산업은 사람과 만남에 관한 산업이기 때문이다.

사실 나도 내가 협회 직원이 될 줄은 상상도 못했다. 나는 대학교 때 중국학과 영문학을 복수전공했다. 지금도 나 스스로 이에 대해 질문하고 다른 사람들도 궁금해 한다. "대체 유교와 셰익스피어를 전공한 사람이 어떻게 MICE에서 일하게 됐나?" 정말 유효한 질문이라고 생각한다.

나의 첫 직장은 인도 고등위원회에서 번역을 하는 일이었다. 어느 화창한 날, 모르는 번호로 전화를 받았는데, 전화를 건 사람이 '네덜란드 암스테르담에 본부가 있는 국제협회'라고 하면서 인터뷰를 요청했다. 누구나 마찬가지겠지만, 나처럼 갓 졸업한 사람은 '국제적인(단순히 좋게 들리기 때문에)'이라는 단어가 들어간 것은 무엇이든 그냥 움켜쥐려한다. 나 역시 그것이 정확히 무엇인지도 모른 채, 꿈의 직장에 들어간 줄 알았다. 그리고 그것이 내가 의도치 않게 10여 년 동안 협회의 영역에 발을 들여놓은 계기가 됐다.

나는 2010년 말레이시아 쿠알라룸푸르에 위치한 ICCA(국제컨벤션협회) 아시아 태평양 지역 사무소 팀의 일원이 됐다. ICCA는 네덜란드 암스트르담에 본사가 위치하고 있으며 50년 이상의 전통을 가진 전 세계 협회회의의 DB를 축적하고, 정보를 교류하며, 교육을 제공하는 컨벤션산업을 위한 협회다. 나의 업무는 아·태 멤버십 관리 책임으로 회원사들에게 더 나은 지원을 제공하기 위해 긴밀히 협력하는 것이었다. 그러기 위해 업계의 다양한 부문(CVB, PCO, DMC, Venue, 대학, IT기술 기업, 기획사)과 협력하며 일하게 됐다. 하지만 신입으로서 나는 비영리기관의 생리에 대해 거의 알지 못했으며 멤버십 참여, 데이터베이스 관리, 이벤트 기획 등과 관련된 내용은 내가 대학에서 전혀 배우지 않은 내용이었다. 나는 회원가입 신청 처리, 온라인교육 진행, 회원사 지원 등의 업무를 맡으며 하루하루 도전할 수밖에 없었다. 원활한 업무 추진을 위해 나는 일을 빨리 익히고 현장에서 배워야 한다는 것을 알았으며 동시에 나의 일이 영감을 주는 일이라는 것도 알게 됐다.

어느 산업에서든 매일매일 새로운 사람들을 만날 가능성이 높지만 MICE산업에서는 더더욱 그렇다고 생각한다. MICE산업은 사람산업이라고 일컬어지며, 정말 사람과의 만남과 교류가 MICE산업의 심장이고 영혼이다. 우리는 MICE를 통해 네트워크와 교류를 만들어내며 연례 총회든, 지역 회의든, 지역 지부 회의든 간에 동료와 같은 직종 사람들 간의 직접적인 만남을 대신할 수 있는 것은 없다. 협회들은 끈끈한 네트워크로 구성돼 상호작용하기 때문에 ICCA에서 일하는 것은 나에게 새로운 사람들을 만날 수 있는 기회를 제공해 줄 뿐만 아니라 기존의 관계 또한 더욱 발전시킬 수 있게 해준다. 그들 중 많은 이들이 인생에서 진정한 친구가 됐으며 그 경험과 가치는 그 무엇과도 비교할 수 없다.

그렇다면, 비슷한 관심과 목적을 공유하는 사람들은 무엇을 함께 할 수 있을까? 나에게 있어 '네트워킹'과 '지식 공유'가 협회로서 가치를 지니게 하는 두 가지 핵심 요소라고 생각한다. 협회가 제공하는 가장 중요한 가치 중 하나는 회원사들을 위해 단순히 만찬과 특별한 행사를 제공하는 것을 넘어, 네트워크를 형성할 수 있는 기회를 창출하는 것이다. 동일 산업의 동료들과 네트워크를 구축하고 교류함으로써 관계의 범위를 확장시킬 수 있고 신규 파트너와 고객을 찾을 수 있으며 새로운 일자리의 기회를 탐색하고 최신 트렌드와 우수 사례를 파악할 수 있다. 회원사들 간 교류와 협력을 통해 시너지를 창출하고 새로운 비즈니스를 만들어 주는 나의 업무가 나로 하여금 협회 업무에 대해 행복하고 보람 있게 만들어줬고, 또한 그것이 바로 우리 협회의 존재 이유이기도 하다.

열정적이고 재능 많은 동료들과 함께, 우리는 ICCA 회원사들뿐만 아니라 학회, 협회의 임원진과도 함께하는 행사를 기획했다. 다양한 분야의 학회, 협회와의 교류를 기획함으로써 회원사들은 그동안의 경험과 전문성에 새로운 지식을 추가해 MICE 유치에 활용할 수 있었다. 학회, 협회 임원진은 실제 국제 비딩을 할 때의 성공과 실패 사례, 프레젠테이션에 대한 실질적인 팁, 성공 전략 등의 소중한 정보와 지식을 회원사들과 공유했다.

이러한 개방성과 지식공유는 ICCA의 독특한 비즈니스 문화다. ICCA의 회원사들은 국제비딩에 관해 우수사례나 성공 전략 등을 공유하는데 주저하지 않으며 진심으로 상대방의 궁금증에 대해 답해준다. 물론 MICE 유치를 위한 비즈니스 경쟁은 항상 존재하지만, 회원사들은 서로 경쟁하고 같이 일하며 협력함으로써 서로 많은 것을 배운다고 믿고 있다.

ICCA의 주요한 또 다른 주요 기능은 회원사들에게 교육을 제공하는 것이다. 멤버십 관리와 함께 나의 메인 업무 중 하나가 2만 개 이상의 국제회의 정보를 보유하고 있는 ICCA Association Database를 회원사들이 쉽고 효율적으로 사용할 수 있게 교육하는 것이었다. 방대한 양의 정보를 보유하고 있는 이 DB를 활용해 회원사는 향후 잠재적인 국제회의를 발굴하고 비딩을 준비할 수 있다. 이 온라인 비즈니스 툴은 사용자 친화적으로 만들어졌지만, 당시에는 지금보다 다소 사용하기 어려웠으며, 특히 나같이 디지털에 친화적이지 않은 사람은 사용하기에 앞서 두려움이 컸다. 그래서 나의 임무가 회원사들이 이 온라인 비즈니스 툴을 쉽고 편리하게 사용할 수 있도록 교육하는 것이었다. 그리고 ICCA에서 일한 지 3개월 만에 드디어 인도 회원사와 첫 온라인 데이터베이스 트레이닝이 잡혔다.

이번 트레이닝 준비를 위해 나는 대학에서 중세 문학 과제 이후 그렇게 열심히 공부했던 적은 없었던 것 같다. 내가 교육해야 했던 DB 매뉴얼은 국제비딩과 개최지 선정의 의사결정과정에 관한 것이었다. 지금은 비교적 익숙하지만 교육을 준비할 당시 나에게 있어 '현지 접촉/키맨 접촉, Local Host'이라는 생소한 용어가 나를 혼란에 빠트렸으며 심지어 교육을 진행하는 동안에도 완벽히 이해하지 못한 상황에서 교육을 진행할 수밖에 없었다. 나는 회원들이 나에게 이와 관련해 질문하지 않기를 간절히 기도했고, 놀랍게도 그 자리는 내가 말하는 것이 아니라, 멤버들이 서로 길을 가르쳐 주는 자리라는 것을 깨달았다. 그들은 서로 질문하고 답하며 지식과 정보를 교류했다.

"쌀산업 전문협회를 찾고 싶습니다. 우리 행사에서 초청 강연을 맡아줄 수 있으니까요."
- 이 PCO 회원은 쌀 생산과 기술에 관한 연례 행사를 조직하는 책임을 맡고 있다.

"데이터베이스에 스포츠 협회는 몇 개나 있나요? 우리는 근처에서 가장 큰 마라톤을 조직하는데, 이런 협회들과 협력해서 전 세계 다른 지역에서 새로운 행사를 열고 싶습니다."
- 이 이벤트 회사는 다양한 스포츠 행사를 준비하는데, 공급자와 협회 클라이언트들과 새롭게 협력할 방법을 찾고 있다.

"가르치는 것은 두 번 배우는 것이다."라는 속담이 있듯이 배움은 양방향 과정이라고 생각한다. 회원들에게서 배운 가장 위대한 점은 MICE를 도시의 지식경제를 성장시키는 수단으로 바라보는 것이었다. 국제회의도시 순위가 중요한 것임에는 틀림없다. 하지만 MICE에는 그 이상의 것들이 분명히

ICCA Global Team

존재한다.

　지식산업 리더들과 선도 기업들은 우리 도시를 방문하고 단순한 관광소비 이상의 가치를 창출하고 있다. 도시들은 이러한 MICE의 기능을 투자촉진, 일자리 창출, 지역 인프라 확충 등을 위해 활용하고 있으며 이를 위해 저마다의 도시를 특정산업의 전문도시로 홍보하고 있다. 그렇다. MICE는 도시를 변혁시킬 힘을 가지고 있으며 그 가치는 단순한 방문자 경제로 국한 지을 수 없다.

　내가 MICE의 힘을 실제로 눈앞에서 보았기 때문에 더욱 확신할 수 있다. 2012년 쿠알라룸푸르에서 열린 제25차 세계가스총회(WGC)를 위해 쿠알라룸푸르에서는 에어컨이 설치된 1.17km의 고가로를 만들어 파빌리온 쇼핑몰과 KLCC호텔, 그리고 쿠알라룸푸르 컨벤션센터를 연결했다. 세계가스총회는 세계 최대 규모의 가스산업 행사다. 2012년 5,299명의 참석자, 220개의 전시업체, 1만 3,803명의 바이어가 참가했다. 세계가스총회를 대비해 주최측인 페트로나스(Petronas)는 대규모의 금액을 투자, 시민들과 방문객들에게 걷기 좋은 고가로를 만들었고, 이 고가로를 통해 도시의 교통문제 해결과 동시에 시민들에게 도심을 손쉽게 도보로 오고 갈 수 있도록 했다. 이 고가로는 페트로나스에서 WGC 2012로 인한 대규모의 인파를 예상하고 참가자들이 편리하게 행사장에 접근할 수 있도록 투자한 것으로, 나는 이 고가 보행로야말로 WGC 2012의 레거시라고 생각한다.

지금 그 시절을 돌아보면, 사용자 매뉴얼대로 가르치는 것에서부터 회원 주도의 학습을 할 수 있도록 적용하고 콘텐츠를 만드는 것, 그리고 회원의 눈으로 데이터를 보고 배우는 것이 이뤄지는 것까지 가파른 학습 곡선이었다고 말해도 좋을 것이다. 질의응답 시간 동안 나와 교류가 없었던 수강생들이 혹시 정보 과부하로 인해 길을 잃지는 않았을지 염려되지만, 그럼에도 불구하고 나는 이 모든 활동으로부터 생겨나는 내 업무의 결과물과 참가자들의 열정이 자랑스럽다.

무엇보다 중요했던 것은 단순히 콘텐츠를 전달하고 참여를 기다려서는 안 되며 회원사들 간에 자발적으로 관계를 구축할 수 있는 기회를 만들어주고, 우리의 사업 추진 시 그들의 관심사항을 우선시하는 것이 더 중요했다. 회원사들마다 각자의 사업목표가 있고 우리는 회원사들의 사업목표를 바탕으로 목표를 설정해야 했다. 즉 맞춤형 서비스 제공이 핵심이었다. 베이징에 유효한 사업전략이 부에노스아이레스에서는 적합하지 않을 수 있기 때문이다.

요약하자면, 참여와 교류는 모든 협회의 생명선이다. 회원사들 간의 상호작용은 목적 지향적이며 적극적이고 지속적이어야 한다. 나는 그동안 회원사와 협회의 주요 리더들과 함께 일할 수 있는 기회를 가질 수 있었고 그것은 개인적으로나 직업적으로나 축복받은 특권이라고 감히 말할 수 있고 감사하게 여긴다.

협회 직원으로서의 나의 여정을 요약하자면, 나는 직원들이 그들의 일터를 매일 생산적이고 행복한 곳으로 여기고, 협회 회원들이 협회를 자신의 집처럼 생각해 믿고 지지하며 기여하기로 마음먹고, 또 회원들, 자발적인 리더들과 직원들 사이에 다양성이 뿌리내려야 한다는 것을 알게 됐다.

지난 10년 간의 여정에서 가장 큰 성과물이 뭐냐고 묻는다면 내 대답은 간단하다.

MICE 업무를 함에 있어 우리는 멀티로 활약해야 한다. 때로는 커뮤니케이터이자 롤플레이를 하는 기획자, 때로는 SNS 스토리텔러로 일하지만, 동시에 항상 경청하는 사람이 돼야 한다는 것이다.

MICE 역대 최대 규모로 진행됐던
'환경분야 글로벌 메가 이벤트'의 투어이야기

글 **최광지**
- 現 에스엠컬처앤콘텐츠 광고사업부문 부장
- 前 이즈피엠피 차장

'180개국 1만 명의 참가자. 1,000여 명의 자원봉사자. 4년마다 개최되는 지구촌 행사' 여기까지의 키워드만으로 유추해 본다면, 아마도 올림픽 정도 스케일의 행사로 느껴질 것이다. 이 행사를 실제로 '올림픽'으로 부르기도 한다. 다만, 다루는 영역이 '스포츠'가 아닌 '환경'이다.

2012년, 세계 최대 규모의 국제 환경회의이자 '환경올림픽'으로 불리는 '2012 세계자연보전총회(World Conservation Congress Jeju 2012)'가 대한민국 제주도에서 개최됐다. 세계자연보전총회는 자연보전분야 세계 최대 단체인 세계자연보전연맹(IUCN)이 자연보전, 생물다양성, 기후변화 등을 논의하기 위해 개최하는 회의다. 정부기관, NGO, 전문가 등이 참가한 가운데 전시회, 원탁회의, 워크숍, 지역회의 등의 활동을 하는 포럼과 회원들이 참가하는 총회로 구성된다. 거창한 수식어만큼이나 역대 최대 규모로 개최된 2012년 총회에서는 약 600여 개의 포럼이 개최되고, 180여 개의 발의안이 논의됐다. 또한, 대규모 참가자들을 수용하기 위해 제주 전역에 4,300여 실의 객실이 준비됐으며, 관련 보도만 해도 146개 매체를 통해 8,000여 건이 송출됐다.

세계자연보전총회(이하 WCC)는 총 열흘간 개최된다. 총회인 만큼 회의를 중심으로 공식행사, 문화행사 등 관련 프로그램들이 다양하게 진행된다. 하지만 WCC는 프로그램상의 차별화된 특징이 하나 있다. 그것은 바로 투어 프로그램이다. 일반적으로 국제회의는 세계 각국의 참가자가 개최지로 집결하는 만큼, 개최지의 문화·관광자원을 소개하는 투어 프로그램이 함께 구성된다. 여기에서 투어는 메인 프로그램보다는 주로 부대 행사로 분류되는 경우가 많아 통상 주요 일정 전후에 진행된다. 하지만 WCC에서는 전체 열흘의 공식일정 중 하루를 온전히 '생태투어'의 투어 Day로만 운영한다. 개최지의 생태환경을 살펴보는 것 또한 총회에서 진행되는 회의만큼 의미 있다고 보는 것이다. 특히, 제주도는 유네스코 세계자연유산이나 지질공원 등 우수한 생태 환경과 문화 관광자원을 보유하고 있는 개최지였다. 그렇기에 WCC에서의 생태투어는 그 중요성과 의미가 더욱 특별하다고 볼 수 있었다.

이러한 생태 투어, 이것이 2012년, 바로 내가 책임져야 할 영역이었다. 생태투어 파트의 업무상 범위와 무게감은 상당했다. 1만 명이 참가하는 행사인 만큼, 대한민국과 제주도에서 기대하는 투어의 의미는 각별했다. 본 회의를 유치하는 데 있어 제주도의 생태환경을 전 세계 환경 전문가에게 알리는 것 또한 본 행사 유치의 중요한 이유 중 하나였기에, 최초 투어의 설계 지표가 1,000명 이상, 150개의 스폿, 51개의 코스였다. 결코 작은 스케일의 투어가 아니었다.

생태투어의 가장 첫 과제는 투어예약시스템을 구축하는 것이었다. WCC의 투어예약시스템 설계는 결코 간단하지 않았다. 투어는 총회 참가자만을 대상으로 하는데, 문제는 총회의 등록 시스템을 IUCN에서 직접 관리하는

데 있었다. 참고로, 투어 등록 프로세스는 다음과 같다. 참가자가 총회 등록을 하면 그 데이터는 IUCN의 시스템에 쌓이고, 등록자에게는 투어예약 시스템의 배너가 노출된다. 해당 배너를 클릭하면 투어 예약 시스템으로 화면이 넘어오게 되며, 이때 IUCN의 등록자 데이터도 우리가 구축하는 투어예약시스템으로 연동돼 넘어오게 된다. 즉 등록자는 추가의 정보 입력 없이 총회 등록 데이터만으로 투어 예약을 하게 되는 것이다. 그러나 투어예약시스템은 한국에서 개발하고 참가자의 데이터는 IUCN과 서버와 연동되는 상태였으므로, 두 개의 다른 시스템의 환경 설정은 상당히 많은 디테일과 노력을 요했으며, 이 과정을 매끄럽게 정리하기 위해 해외 IUCN 담당자와 수없이 많은 커뮤니케이션을 진행해야 했었다.

그러나 이러한 시스템 설계는 투어예약 사이트의 구성 업무에 있어 절반 정도의 비중에 지나지 않는다고 볼 수 있었다. 시스템 설계가 참가자들에게 보이지 않는 뼈대의 구성이라면, 이제는 참가자들에게 설명돼야 할 투어 코스에 대한 안내 콘텐츠가 필요했다. 문제는 투어 스폿과 코스의 절대적 수량이 굉장히 많다는 것이었다. 제주도 내 151개 스폿, 51개 코스. 주요 스폿에 대한 정보는 차고 넘칠 것 아니냐는 합리적 질문이 생길 수도 있지만, 그렇지 않다. 전 세계 자연, 생태 전문가들이 모이는 생태투어인 만큼, 이들에게 보여주고자 하는 스폿은 흔히 우리가 익히 알고 있는 관광지의 개념을 넘어선다. 여기에는 대중적으로 거의 알려지지 않은, 생태 전문가들이 관심 있어 할만한, 철저히 '생태적 관점'에서의 스폿이 상당수 포함돼 있었다. 이는 투어의 코스의 설계와 운영에 있어 완전한 기초 단계에서부터의 시작을 의미했다. 차량의 승하차지점 및 휴식지점 설정, 점심식사 장소 선정, 우천 시의 대비, 응급상황을 위한 대응 포인트 설정, 코스의 난이도 등급 부여, 스폿과 관련한 사전 고지사항(복장, 신발, 해충 등) 등 이 모든 것들에 대한 준비가 필요했다. 이를 위해 총 4차례에 걸친 사전 답사가 진행됐다. 답사 시 스폿마다의 특이사항을 체크하기 위한 체크리스트만 수십 장에 달했다. 그 후 이 내용을 기반으로 투어예약 사이트의 참가자 안내 콘텐츠가 구성됐다. 이렇게 구성된 내용은 영어, 불어, 스페인어로 번역됐다. 그리고 이는 참가자들이 현장에서 쉽게 확인할 수 있도록 투어 가이드북(핸드북)으로 제작돼 배포됐다.

다음으로 해결해야 할 과제는 점심식사 문제였다. 앞서 설명한 것처럼 대부분의 코스가 자연 속에서 진행될 예정이었기에 참가자들이 투어 중 식당에 들러 식사를 하는 것이 불가능했다. 따라서 Refreshment라고 명명하는 도시락을 제공하는 것으로 결정이 됐는데, 그 점심 도시락을 준비하는 과정이 또한 만만치 않았다. 제주도, 또는 한국을 대표하는 음식이 무엇인지와 같은 메뉴에 대한 자문에서부터 더운 날씨에도 변질되지 않을 식음료 위생 및 안전에 대한 대책, 환경 총회인 만큼 폐기물 이슈를 만들지 않기 위한 포장 용기의 선정, Full Set로 구성된 최종 메뉴 구성안에 대한 시식회, 특이 식단자를 위한 특별메뉴 구성, 도시락의 제작 시점 및 코스별 배달 스폿까지, 도시락 하나만으로도 수많은 회의와 준비 및 보고로 여러 달을 보냈다.

그 외에도 생태해설사, 운영요원, 자원봉사자 등의 선발 및 교육, 참가자를 위한 사전 안내 레터 발송, 개별 참가자의 문의사항에 대한 대응 등 결코 가볍지 않은 여러 과정이 있었으나, 이 내용들은 생략하고, 마지막으로 행사가 시작되기 직전 '또 하나의 잊지 못할 경험' 하나만 더 소개하고 내용을 마무리하고자 한다.

우리가 잘 알고 있는 것처럼 제주도는 섬이고 섬에서 발생하는 자연재해는 육지의 그것과는 비교되지 않을 만큼 강도가 강하다. 행사가 개최되는 9월은 여름이 막 끝나는 시점이었고, 우리는 여름을 온전히 직면하며 준비 과정을 진행하게 됐다. 이쯤 되면 무엇을 얘기하고자 하는지 짐작이 갈 것이다. 그렇다. 태풍이 있었다. 그것도 세 번씩이나. 서귀포 중문에 위치한 제주 ICC는 바다와의 거리가 채 300m가 되지 않는다. 그냥 바다에 접해 있다고 봐도 될 만큼 가까운 거리였다. 이는 해상에서 올라오는 태풍을 가장 강한 상태로 마주하는 곳이라는 점이다. 만약 모든 행사 시설이 ICC 건물 내에서만 조성된다면 큰 문제가 없겠지만, 1만 명의 참가자를 수용해야 하는 대규모 국제회의인 만큼, ICC뿐만 아니라 그 일대의 모든 구역이 행사장 시설로 조성돼야 했다. 일례로 등록센터만 하더라도 ICC 앞에 1,200㎡ 규모의 대형 TFS 텐트가 조성됐고, 푸드코드도 1,600㎡ 규모로 조성됐다. 이러한 대형 텐트는 구조물 공사를 하는 데만도 꼬박 2주 이상이 소요된다. 이 기간 동안 태풍은 2번이나 현장을 방문해 줬다. 이미 프레임 공사가 끝나고, 패브릭까지 설치됐으며 공사 마무리 중이었는데, 결국 패브릭으로 인해 구조물까지 붕괴되는 상황을 막기 위해 고생해서 설치한 패브릭을 눈물을 머금고 스스로 찢을 수밖에 없는 상황까지 전개됐다. 투어 또한 태풍을 피해 갈 수 없었다. 상당수의 코스가 대자연 한가운데에서 진행될 예정이었던 만큼, 태풍으로 인해 나무가 쓰러지거나 탐방로가 붕괴되는 것쯤은 충분히 예측 가능한 상황이었다. 이는 참가자들의 안전과 직결되는 문제였기에 굉장히 중대한 사안이었다. 이에 투어 파트에서는 비상대응팀을 꾸려 전체 코스 중에서도 트래킹 코스를 중심으로 긴급 현장 답사를 다시 진행했다. 예상했던 대로 코스가 훼손된 지점이 여러 군데에서 발견됐고, 해당코스는 긴급 폐쇄됐다. 그리고 이후 해당 코스를 신청한 참가자에게 개별적으로 안내하고 대안을 마련하는 등 결코 간단하지 않은 후속 커뮤니케이션 업무가 추가로 이어졌다.

다사다난했던 준비과정을 거쳐 드디어 생태투어가 진행됐다. 현장 운영 중에도 많은 에피소드들이 있었으나 결과적으로는 큰 사고 없이 모든 참가자들이 안전하게 투어 프로그램에 참여했다. 투어에 함께했던 참가자들은 프로그램에 상당히 만족했고, 제주도의 생태 환경에 대해서도 극찬을 아끼지 않았다. 1월부터 행사가 개최되는 9월까지, 오로지 한 행사의 투어 파트만 꼬박 준비했음에도, 업무의 분량과 행사 준비를 위한 커뮤니케이션은 매일의 야근을 불러올 만큼 실로 엄청났다. 고단한 여정이었지만 돌아보면 충분히 의미 있고 보람된 시간이었다.

이상이 2012년 내가 보냈던 한 해의 스토리다. 이미 10년 전의 에피소드라 상당히 오래 전의 이야기이기는 하지만 2012 세계자연보전총회라는 행사가 우리나라의 컨벤션에 있어 한 획을 그었던 역대 최대 규모의 행사였던 만큼 그 행사의 한 파트의 경험을 공유하는 것은 MICE라는 행사를 간접적으로 이해하는 데 도움이 될 수 있을 것이다.

관광청에서의 커리어 : MICE 마케터

글 Dan Durby
- 現 하와이관광청
- 前 사바관광청

　지난 8년간 나는 관광업에 종사하며 잦은 출장으로 인한 해외 비행이 많았다. 우리 할머니는 아직도 내가 항공 승무원으로 일하며 생계를 위해 여행한다고 생각하신다. 여행에 대해서는 일정 부분 사실이다. 하지만 나는 말레이시아 Sabah Tourism Board(STB, 사바관광청)에서 일하며 단순한 여행·출장이 아닌 사바의 여행과 MICE를 통합적으로 홍보·마케팅하는, 훨씬 더 중요한 업무를 담당했고 하와이 관광청으로 옮긴 지금도 그렇다.

　나는 관광 분야에서 내 꿈을 이루고자 계획한 적은 없었다. 더더욱 정부·공공기관에서 일하리라고는 생각지 못했다. 대학에서는 국제정치학과 일본어·스페인어를 전공으로, 그리고 국제법을 부전공으로 공부했다. 공무원이 되는 것은 꿈에도 생각지 못했으며 갓 졸업한 새내기로서 돈 벌 궁리만 하고 있었다. 나는 보수가 많은 말레이시아의 일류 금융기관에서 은행원으로 경력을 쌓기 시작했고, 약 3년간 일했다. 보수는 많았지만 지루한 일상 업무로 인해 매너리즘에 빠졌을 때 STB에서 인턴십을 하고 있던 친구가 나에게 STB에 지원해 보라고 했다. 나는 생소한 기관임에도 불구하고 여행·관광에 흥미가 있어 지원하게 됐다.

　내 첫 업무는 미주, 유럽, 호주를 대상으로 하는 마케팅이었다. 첫 출장은 호주 멜버른에서 개최되는 MICE박람회에 참가해서 사바를 홍보하고 멜버른에 거주하고 있는 MICE 주최자들과의 미팅을 진행하는 것이었다. 첫 출장이자 호주로 처음 가보는 것이었기에 많은 것을 공부해야 했다. 심지어 말레이시아와 호주는 같은 영연방 국가임에도 불구하고 비즈니스 비자가 필요한지도 모르고 있었다.

아직 신참으로 박람회에는 모르는 사람들로 가득했으며 미팅 내용에 대해서도 생소한 부분이 많았다. 하지만 '될 때까지 시도해라'라는 오랜 말처럼 나는 그냥 미소 지으며 아는 척했고 중간중간 틈이 날 때마다 모르는 부분을 공부하고 습득해 나갔다. 잘 기억 나지 않지만, 프레젠테이션은 잘 진행됐던 것으로 기억한다. 많은 시간이 흐른 지금, 박람회에서의 많은 기억들은 이제 희미해졌지만 호주의 유명한 마스터셰프 참가자인 Poh를 만나 두리안에 대해 이야기를 나눴던 것은 생생하다. 지금까지 여행마케터로서 내가 자랑할 수 있는 나만의 무기이자 스킬은 상대방과의 공통의 관심사를 발견하는 한 나는 그 누구와도 대화를 지속할 수 있다는 것이다.

이 출장이 MICE 목적지로서 말레이시아 사바를 홍보하는 첫걸음이었고, 이후 나의 실력은 점차 향상됐다. 미국, 유럽, 호주 외에도 나는 인도, 러시아와 같은 신흥시장을 담당했다. 가장 기억에 남는 미팅은 인도의 웨딩플래너와의 미팅으로 그들은 아시아에서 새롭고 이색적인 웨딩 목적지를 찾고 있었고 나는 사바의 웨딩 관련 정보에 대해 알려 줬다. 그들과의 지속적인 회의를 통해 기획됐던 웨딩은 그 이듬해에 이뤄졌다. 그들은 사바의 5성급 리조트를 통째로 빌려 성대한 결혼식과 피로연을 5일간 지속했다. 놀라웠던 점은 그들이 결혼식 피로연에 코끼리를 요청했다는 것이다. 소설의 알라딘과

쟈스민의 결혼식에 나오는 코끼리는 알고 있지만, 실제 결혼식에 코끼리를 요청하다니…

지금까지도 가장 기억에 남는 MICE 행사는 사바관광청과 PATA(태평양 지역 관광협회)가 공동 기획한 행사로 호텔, 항공사, 관광 기관 담당자들의 위기관리와 긴급대응 능력을 배양하는 워크숍이었다. 이 행사의 하이라이트는 호텔에서 폭탄처리반의 준비와 이에 대한 경각심 고취의 중요성을 알려주기 위한 훈련을 보여주는 것이었다. 경찰의 폭탄처리반이 호텔로 들어와 훈련하는 모습을 보여주는 과정에서 투숙객들이 놀라지 않게 하기 위해 우리는 만전을 기해야 했고 이 행사가 내가 주관했던 사바관광청에서의 마지막 행사였다.

그 후 나는 다른 시장을 경험해 보고자 하와이관광청으로 옮기게 됐고, 나의 이메일은 이제 항상 '알로하'로 시작하게 됐다. 나는 하와이의 문화를 습득함과 동시에 아시아에서부터 하와이까지의 비행 스케줄을 모두 외워야 했다. 하와이로 가는 직항편은 한국, 일본, 대만, 중국, 필리핀에서만 이용 가능했던 것으로 기억되지만, 코로나19로 인해 지금은 수시로 바뀌고 있다. 코로나19가 장기화 되는 지금 나는 코로나19가 하루빨리 종식돼 여행업이 다시 일어나 사람들이 와이키키 해변에서 칵테일을 마시는 날만을 기다리고 있다.

낭만 여수, 콘텐츠형 호텔이 지역관광활성화에 미치는 영향

글 **최정원**

- 現 유탑마리나호텔&리조트 총지배인
- 現 (사)한국국제소믈리에협회 부회장
- 前 서울 신라호텔 서비스드림팀 4기
- 前 켄싱턴제주호텔 음료총괄 소믈리에
- 前 히든클리프호텔 식음팀장

여기, 하나의 호텔이 있다. 지어진지 8개월, 객실 수 389개, 지역 토착 브랜드를 가지고 있어 전 국민의 99.9%도 모르는 인지도 없는 신축호텔. 태생적으로 요트를 운영해야 할 법적 의무를 가지고 있으나 선착장도 없고, 어떻게 운영해야 할지 계획도 없는 상태. 부대업장은 지하에 위치한 조식당 하나, 야외 수영장 하나. 매월 수분양자들에게 수억 원의 수익금을 지급해야 하는 4성급 분양형 호텔. 코로나19로 인하여 전 직원 2주 무급휴가가 진행되어 조직은 무기력하고 오픈 멤버들이 하나둘씩 퇴사하는 상황. 만약 당신이 이 상태에서 이 호텔의 책임자로 부임했다면 과연 어디서부터 무엇을 시작할 것인가.

여수에 첫걸음을 내딛다

2020년 3월, 여수로 향하는 내 마음은 여느 때보다 비장했다. 서울서 390km, 예상 도착시간 약 4시간 30분 후, 내비게이션을 찍으며 한숨이 저절로 흘러나왔다. 트렁크와 뒷좌석에 가득 실린 짐들을 돌아보며 과연 이 선택이 맞는 것일까 몇 번씩이나 스스로에게 질문을 던졌다. 사람이 꽃이라면 저마다 성장에 최적화된 화분이 있다. 나는 안다. 화려하고, 매일 정해진 시간에 물을 충분히 마실 수 있는 화분보다 내 멋대로 자랄 수 있는 황무지가 나에게 최고의 화분이라는걸. 나의 첫 여수, 그렇게 시작되었다.

돌이켜보면 호텔리어의 생활은 고난과 도전의 연속이었다. 서울 신라호텔의 프렌치 레스토랑의 막내 꼬마로 시작하여 서울에서 12년, 또 제주에서 4년, 그렇게 열정이 닿는 대로 4번의 호텔을 거치며 정신없이 살다 보니 어느덧 총지배인이 되었다. 그리고 태어나서 여행 한 번 와본 적 없던 대한민국 최남단 여수는 그 도전의 정점을 찍기에 충분했다. 물도 다르고, 먹는 것도 다르고, 말도 다르고, 하늘색도 달랐다. 모든 것이 새로운 시작이었다.

막내 웨이터가 총지배인이 되기까지 세상은 빛의 속도로 바뀌었다. 정보의 근원이 선배들에게서 Web으로 넘어갔고, 책장을 가득 메웠던 책과 자료들은 작은 스마트폰 하나로 대체되었다. 신입사원이었던 2000년대 초중반까지 부자들의 전유물이었던 호텔은 이른바 호캉스의 붐을 타고 소위 일반인들에게까지 문턱을 낮추었고, 비즈니스맨들의 약속 장소였던 특급호텔의 로비라운지는 빙수 하나를 먹으러 줄을 선 MZ세대에게 자리를 내주었다.

지방 소도시들의 여행 특수, 코로나19 장기화가 가져다준 신의 선물

이 와중에 2020년부터 세계를 강타한 코로나19는 여행의 흐름에도 엄청난 변화를 가져오게 되었다. 해외로 가는 길이 막히자 온 국민은 답답함을 토로했고, 실내보다는 야외로, 도심보다는 지방으로 여행의 발걸음을 돌렸다. 급기야 코로나19 사태가 예상보다 장기화되자 서울, 부산, 강릉 등 뻔한 관광지에 지친 관광객들은 지방 소도시들로 눈을 돌리게 되었고, 충청 이남의 시, 군들은 약간의 스토리와 콘텐츠만 가지고 있어도 넘쳐나는 관광객들로 인산인해를 이루며 특수를 누리게 되었다.

아름다울 여, 물 수, 물이 아름다운 도시 여수 또한 예외는 아니었다. 이미 2012년 열린 여수세계박람회를 시작으로 KTX, 공항 등 좋은 교통 인프라를 갖게 된 여수는 2015년부터 한 해 1,000만 명 이상이 찾는 전남 최고의 인지도를 가진 관광지였지만 세련된 MICE&숙박시설, 액티비티 등 콘텐츠의 부족으로 저 멀리 수도권 수요를 끌어오기에는 역부족이었다. 이에 여수시에서는 중장기 전략으로 2013년 MICE전담조직을 신설하고 외부 전문가들을 전문관으로 영입하여 시내 MICE시설들을 하나로 모아 공동 마케팅을 하기 시작했다. 민간에서는 MICE 얼라이언스를 시작으로 지난 2019년 사단법인 여수MICE협회를 창설하였고, 약 100여 개의 회원사가 모이면서 명실공히 전남 최대 규모의 협회로 발전하였다. 현재 여수에서는 13개의 컨벤션 전문 시설과 4개의 유니크 베뉴, 15개의 휴 MICE 지정시설을 갖추고 국제 섬 포럼, COP33-2030세계박람회 등 크고 작은 국제행사를 유치하기 위해 총력을 기울이고 있다. 이렇게 지난 5~6년간 시와 민간의 전폭적인 지원과 노력으로 여수가 데스티네이션 마케팅에 점차 성공을 거둬가는 무렵, 코로나19는 여기에 기름을 끼얹게 되었다. 여수는 사상 유례없는 코로나 사태에도 2020년 872만 명, 2021년 977만 명을 기록하며 국내 5위권의 관광객 수를 유지하였는데 주목할 만한 점은 그동안 주를 이뤘던 인바운드, 단체 관광객 수는 급격하게 줄어든 반면, 가족, 연인 단위의 개별 관광객들은 드라마틱하게 늘었다는 사실이다. 그 일례로 2020년 국내 항공여객

은 3,940만 명으로 2019년 대비 68%가 감소하였고, IMF 위기였던 1998년, 1999년 이후 역대 3번째로 낮은 수치를 기록하였다. 반면 같은 해 김포-여수 항공여객은 41만 9,041명으로 전년대비 24.8% 늘었고, 여수공항의 경우 2021년 11월 개항 40여 년 만에 처음으로 연간 이용객 100만 명을 돌파하였다. 이는 국제선이 없는 국내선 전용공항으로서 유례없는 호황을 맞이한 것이며, 전남 동부권 관문공항으로서 지방 공항의 역사를 다시 쓰게 되었다.

스마트 관광 시대의 호텔생존전략

자, 내가 있는 도시에 관광객 수가 개런티 되었다. 그 다음은 무엇인가? '스마트 관광', 개인이 어떤 곳을 관광할 때, 의사소통이나 현지 정보와 같은 문제를 스마트폰과 모바일 기술을 이용하여 해결해 가는 관광을 이르는 말로써 2019년 박사과정 중 한 수업을 통해 처음 접하게 된 개념이다. 2010년 이전에 여행객들을 괴롭혔던(?) '어디 갈까? 누구랑 갈까? 뭐 타고 갈까? 어디서 잘까? 가서 뭐 먹을까? 뭐하고 놀까?' 등의 불확실한 정보들은 스마트폰이 나오면서 실시간 검색을 통해 확실한 정보들로 변경되었다. 과거의 여행은 주변의 추천이나 팸플릿, 책 등의 시각자료 등으로 출발하여 현지에서 각종 시행착오와 즉흥적 결정들을 통해 완성이 되었다면, 스마트 관광 시대의 여행은 여행 전에 어디를 어떻게 가서 어디서 자고 뭘 먹고 뭐하고 놀지 모든 걸 다 계획하고 출발하게 되었다. 여행 와서 즉흥적인 결정, 충동적 소비는 매우 드물게 이뤄지는 세상. 모든 것이 바뀌었다.

부임 이후 2주간의 현장 파악을 통해 70여 명의 직원들을 한곳에 모아놓고 호텔 운영방향에 대해 첫 프레젠테이션을 하며 관광의 흐름과 고객의 니즈가 바뀌어 감을 알렸다. 바닷가 앞의 호텔, 오션뷰, 아늑한 객실, 우아한 식당, 편리한 접근성 등 기존에 호텔을 성공으로 이끌어오던 뻔한 공식의 종말을 선언하였다. 호텔은 더 이상 안전한 휴식의 공간으로 머무는 것이 아니라 세상의 모든 콘텐츠를 시험하고, 고객들에게 색다른 경험을 제공하는 라이프 스타일 공간으로 진화하고 있으며, 우리 호텔은 단순한 숙박업소의 개념을 넘어 여수에서 가장 인기 있는 핫플레이스가 될 것임을 어필했다.

출신이 식음팀이고, 각종 영업기획과 이벤트의 경험이 많으므로 아무것도 없는 호텔이 오히려 하얀 도화지처럼 편하게 느껴졌다. 총지배인으로서 가장 먼저 한 작업은 국내 유명 호텔, 리조트, 풀빌라들의 SNS 흐름을 분석한 것이다. 당시 우리 호텔은 인스타그램 게시물 수가 100개 미만으로 참고할 만한 고객 니즈가 없었으므로 우리보다 수년 앞서 만들어진 경쟁 호텔&

리조트들의 인스타그램 인기 게시물들을 참고했다. 특이 콘텐츠가 있는 호텔은 역시 게시물 수가 넘쳤으며, 이러한 인기는 역시나 객실 가격 결정의 중요한 근거가 된다는 사실을 확인하였다. 국내외 여러 트렌드들을 정리하여 필요 예산을 정리하였고, 향후 3년간 변해갈 비전에 대해 본사 경영진과 직원들을 설득하였다. 이를 실현하기 위한 오랜 크루들과 인재 영입에도 시간과 비용을 아끼지 않았다.

이렇게 부임 2개월 후 2020년 5월에 첫 콘텐츠인 풀 파티가 탄생했다. 직전 2개의 호텔에서 모두 성공시킨 경험이 있기에 수영장 환경 조성은 주류사와의 협업을 통해 해결하고, 유명 DJ를 섭외하기 위해 전남 광주의 클럽들을 20여 차례 찾았다. 오픈 첫날 입장객은 8명으로 처참하였으나 우리 크루들은 이 콘텐츠의 힘을 믿었다. 한 주 한 주가 지나며 입장객이 기하급수적으로 늘어나더니 오픈 세 달여 만에 하루 입장객이 200명을 돌파하였고, 덩달아 인스타그램 게시물 수가 폭발적으로 늘어나기 시작했다. 우리 주요 타깃인 2030고객들의 방문이 늘어나며 현장 직원들의 아이디어 또한 줄을 잇기 시작했고, 이를 대부분 받아들여 조직의 기운이 바뀌어 가기 시작했다. 다음은 마리나호텔로서의 최대 도전과제였던 요트의 운영 차례였다. 직영, 외주의 결정부터 요트를 타고 내릴 수 있는 선착장, 계류장 시공까지 약 100여 회의 고통스러운 내외부 미팅이 뒤따랐다. 외주할 요트사를 찾기 위해 미스터리 쇼퍼로서 각종 요트를 타본 게 80회를 넘겼다. 우리는 서비스 마인드가 유독 넘치던 현지 요트사를 찾게 되었고, 좋은 조건에 계약이 이뤄졌으며 2020년 9월부터 호텔에서 첫 운영이 시작되었다. 호텔 정문 바로 10m 앞에서 탈 수 있는 요트라니! 가슴이 뛰었다. 럭셔리 액티비티인 요트 운영이 시작되며 첫 달에만 약 3,000명의 고객이 탑승을 하였고, 최근까지도 매월 3,000~5,000명 사이의 고객이 요트를 즐기는 명실상부 국내 최대의 마리나 호텔로 발돋움하였다. 조직은 환희로 가득 차기 시작했고, 덩달아 객실 예약과 인스타그램 게시물 수도 폭발적으로 늘어났다. 여기서 멈추지 않고 2020년 10월 전라도 최초의 반려견 동반 펫 객실 20실을 오픈, 11월 60석 규모의 감성 포차를 오픈, 2021년 5월 호텔 내 와인숍을 오픈, 6월 카지노 게임을 즐길 수 있는 스포츠홀덤펍 오픈, 2022년 7월 외부 쓰레기장을 개조하여 클럽&라운지 오픈, 8월 50여 종의 로컬음식을 즐길 수 있는 100석 규모의 여수 야시장을 오픈하였다. 이렇게 오픈 3년 만에 9개의 부대업장을 가진 복합 콘텐츠 호텔이 탄생하였다.

**콘텐츠형 호텔의 성공,
SNS 관리는 고객 수요 창출의 필수적 선제관리 요소**

호텔 경영의 중요지표인 ADR(Average Daily Revenue)의 경우 2019년 73,000원에서 2022년 8월 176,000원으로 약 10만 원 상승하였고, 주말 평균 요금은 50만 원에 육박하며 매출은 물론 영업이익이 영화의 한 장면처럼 개선되었다. 연중 객실점유율은 50%대에서 80%대로 매일 만실 수준을 이어 나갔다. 무엇보다 우리가 타깃으로 했던 2030고객들의 폭발적인 호응을 얻으며 인스타그램 게시물 수가 2020년 3월 100개 미만에서 2022년 3월 1만 개를 돌파하였고(게시물 1만 개 이상은 현재 여수 20여 개 호텔 중 유일), 풀 파티는 전국 3대 풀 파티로 명성을 떨치고 있으며, 각종 온라인 여행사에서 수여하는 상을 10여 개 이상 받아 로비에 전시하기에 이르렀다. 이는 MICE 중에서도 참가자들의 이색적이면서 자랑할 만한 경험에 집중하는 Incentives Travel 유치에도 큰 영향을 미쳐 2019년 71건, 2020년 126건, 2021년 182건을 유치하게 되었으며, 올해는 약 250건 이상의 Incentives 단체를 유치할 예정이다.

2022년 8월 28일 매일경제신문과 신한카드 빅데이터연구소는 집과 직장이 모두 서울인 고객의 결제 데이터 1억 5000만 건을 분석한 결과를 발표했다. 가장 눈에 띄는 곳은 전남이다. 전남은 부산(24.2%) 등을 제치고 방문자 증가율 3위에 올랐다. 특히 여수 방문객 증가율이 압도적이다. KTX 이용이 가능해 교통이 편리한 데다 장거리 여행 기분을 내고 바다까지 즐길 수 있어 2030의 전폭적인 지지를 받았다. 2019년 7월 대비 올해 7월 여수를 찾은 여행객 연령대를 보면 20대가 36.3%, 30대는 28.1% 늘었다. 이것이 우연일까? 나는 2030을 타깃으로 하여 지속적으로 콘텐츠를 개발해온 우리 호텔이 여수로의 모객 및 관광활성화에 긍정적인 큰 영향을 주었다고 확신한다.

사전적 정의는 없지만 콘텐츠형 호텔이란, 단순 숙박과 뻔한 식음료, 안전한 부대시설의 제공에서 벗어나 고객이 놀고, 즐기고, 사진 찍어 공유하고 싶은 모든 종류의 콘텐츠를 생산하는 호텔이라고 정의하고 싶다. 스마트관광의 시대에 포털이나 SNS 검색 시 해당 호텔이나 부대시설이(혹은 지역 관광지나 매력물이) 최상위에 노출되지 않으면서 고객이 와 주기를 기다린다는 것은 서서히 망하고 있으면서 왜 망하고 있는지 모르는 것을 의미한다고 생각한다.

고객이 원하는 것은 무엇일까? 단순하지만 확실한 행복이 아닐까 싶다. 경쟁이 무한대로 확장하는 이 시기에 영원한 승자는 없기에 모든 경영전략은 콘텐츠 개발에 집중이 필요하며, SNS를 통한 고객과의 단순하고 심플한 소통이 중요하다. 여수를 한 단어로 정의한다면 나는 주저 없이 '낭만'이라고 말하고 싶다. 낭만포차거리, 버스킹, 여수밤바다, 섬섬여수 등 각종 낭만 콘텐츠들이 SNS를 핫하게 달구고 있고, 인구 26만의 도시에 50배가 넘는 관광객을 끌어들이고 있다.

ooo고객님, 낭만의 도시 여수에 오신 것을 환영합니다. 즐겁고 편안한 투숙되시길 바랍니다. - 총지배인 최정원 올림

경험, MICE산업을 재정의하다

글 **강수정**
- 現 한국컨벤션전시산업연구원 연구기획팀 책임연구원
- 前 수원컨벤션센터 주임, 〈MICE WEEK〉 취재기자

참으로 지루했던 2년이었다. 행사는커녕 사적 모임도 쉽지 않았으니 넘치는 생각과 감정을 나눌 길이 없었다. 자유로웠던 발걸음은 답답함으로 고였다. 당연한 줄 알았던 일상이 얼마나 소중했는가를 되새기는 시간만이 이어졌다. 특히 경험이 그러했다.

2020년 코로나19 확산을 시작으로 전 세계 MICE산업이 얼어붙었다. 우리나라의 경우 방역대책을 마련해 규모를 축소해서라도 행사 개최가 가능하도록 민관 모두가 팔을 걷어붙였으나, 얼어붙은 경제시장과 감염에 관한 우려로 인해 행사장을 찾던 발길은 쉽사리 돌아오지 않았다. 게다가 비대면 행사가 활성화되면서 대면 행사의 입지는 더욱 좁아졌다. 줌(Zoom)과 같은 온라인 회의 플랫폼을 통해 당장 급한 불은 끌 수 있었고, 정보를 나누는 교육이나 학술 프로그램도 온라인 행사로 소화할 수 있었기 때문이다. 일각에서는 온라인 행사라도 개최할 수 있었음에 안도의 한숨을 쉬는 이도 있었으나, 비대면이 대면을 장악할 것이라는 우려 섞인 목소리도 적지 않았다. 2020년 한 해 동안은 MICE업계 거의 모든 이들이 기술과 온라인만을 이야기했으니 비대면 전환에 대한 걱정이 깊어져 갈 수밖에 없었다. 답을 찾아야

했다. 7년간의 경험에 미뤄보면 우리나라 MICE산업은 고난 속에서도 꽃을 피워내는 분야였다. 이해관계자들은 돌아올 일상에 대비해 대면 활동의 가치를 재탐색하기 시작했다. 답은 '경험'에서 발견됐다.

물론 경험의 중요성은 오래전부터 강조돼 왔다. 고객의 경험을 이해해야 더 나은 상품과 서비스를 개발할 수 있고, 이는 곧 비즈니스의 성패로도 이어지기 때문이다. 그러나 오늘날 기업들이 이야기하는 '경험'은 과거와는 사뭇 결이 다른 듯하다. 최근 몇 년간 경제·산업 전반이 유독 경험에 집중하는 것에는 단순히 고객 맞춤형 제품과 서비스를 생산하는 것, 그 이상이 있다. 고객과의 밀접한 관계(더 나아가서는 팬덤을 통한 차별화)를 형성해 미래의 불확실성을 완화하고 리스크 관리 기반을 마련하겠다는 것이다. 이 관

브랜딩 공간을 활용한 경험마케팅의 대표주자인 아이웨어 브랜드 젠틀몬스터(사진 출처_ 매거진 스페이스)

'2021 지스타' 전시장에서 게임 체험에 몰입하고 있는 관람객들

계는 객관적(이성적) 판단에 감성 및 감각을 아우른 총체적 경험에서 비롯된다. 즉, 더 이상 효용 중심적 마케팅이 먹히지 않을 것으로도 해석된다. 이에, 기업들은 직접 만져보고 체험해 보고, 제품 이외의 서비스를 통해 단순 소비만으로는 느낄 수 없었던 새로운 감각으로 의미 부여를 하는 일에 촉각을 곤두세우고 있다. 코로나19 초반 오프라인 매장을 정리하던 기업들이 오히려 브랜딩 공간을 찾아 세상 밖으로 나오고 있는 사례도 관찰된다. 더불어 고객들도 코로나19로 인해 억눌렸던 경험 기회를 갈구하고 있으니 경험 중심적 마케팅 트렌드는 더욱 강화될 것으로 보인다.

이처럼 경험 마케팅이 화두가 되고 있는 가운데, MICE산업이 찾은 '경험'이라는 답은 무엇이었을까? MICE산업이야말로 경험 마케팅의 중심에 있다고 볼 수 있다. 궁극적으로 MICE 행사는 '비일상으로의 초대'다. 행사장은 참관객을 위한 새롭고 다양한 시간과 경험으로 채워진다. 평소 만져보고, 작동해 보고 싶었던 제품을 실제로 느껴보거나 동경하는 유명인사와 한 공간에서 같은 공기를 나누는 가슴 벅찬 시간도 주어진다. 반복되는 일상으로부터 벗어나 새로움으로 가득 찬 공간에서 성장을 자극하고 정서적 풍요로움을 경험하는 일들이 반복된다. 이러한 경험은 온라인에서는 결코 구현할 수 없는, 대면 행사만의 고유한 영역이자 가치다. 긍정적 감각으로 풍족했던 시간들은 행사장의 냄새, 색 등 오감적 정보와 함께 오래도록 가슴에 저장된다. 참가자들은 무의식 속에 저장된 경험과 정보를 더 나은 미래를 구축하는 자원으로 활용한다. 많은 이들의 가슴속에 경험 자원이 고갈돼 가는 오늘날, 비대면 체계가 어느 정도 자리를 잡았음에도 불구하고 오프라인 행사에 대한 강한 수요가 관측되는 것도 이 때문일 것이다.

경험에 관한 강한 수요와 함께 각종 경험 채널들은 프리미엄화돼 몸값을 올리고 있다. MICE산업 또한 단순히 '행사'의 개념에서 벗어나 참가자 간의 관계와 감각의 영역을 강화해 이전과 다른 의미를 부여하는 데 열을 올리고 있다. 이 시점에도 행사들은 참가자들의 경험을 이해하고 설계하며 변화를 도모하고 있다. 특히 MICE산업의 선진국으로 꼽히는 독일은 참가자 경험을 제대로 이해하고자 과학적 접근까지 시도하고 있고, 싱가포르는 이미 관광객 측면의 고객여정분석을 완료해 새로운 서비스 모델 창출을 시도하고 있다. 가까운 미래의 MICE 행사는 전과 같지 않을 것이라는 점은 분명해 보인다. 누군가의 성장을 설계하고 경험을 디자인하는 MICE산업의 매력에 함께하는 이들이 보다 늘어나기를 기원해 본다.

코로나19 시국임에도 불구하고 새로운 게임을 체험하기 위해 '2021 지스타' 전시회를 찾은 관람객들

해외기고 원문

Future Travel Platform, OTA
Gary Cheng

Associatuion Executive's Experience
My Journey In The MICE Industry
Margaret Lu Kwai Ting

Career at the Tourism Board : MICE Marketer
Dan Durby

Future Travel Platform, OTA

- Gary Cheng

I graduated from university with very little idea of what job I would like to get. The easiest way was to follow the big names in campus recruitment. With some luck and some bluffing skills, I got my first job at Procter & Gamble as an Assistant Brand Manager(sort of their management trainee program). That's how my marketing career started and how I got my training in marketing and business strategy. Fast forward 12 years and a number of different marketing roles at a few companies, I was called by a headhunter regarding a role at the Hong Kong Tourism Board(HKTB). That's how I became part of the tourism industry.

Tourism is a dream product for me as a marketer. For one, the product has limitless potential. When I was with P&G, there were only a handful of products under the shampoo brand I managed. There was really not much innovation to talk about. But there are limitless ways to innovate and position different travel experiences in an endless number of ways. Another thing I like about the industry is how travel can really touch people's lives. What's better to market a product that can really bring joy to your consumers' lives? Last but not least, tourism is an industry that would allow me to get in touch with the tech business world. Travel is one of a few areas in our lives in which technology is quite heavily used. Just imagine how many apps we are using when we are abroad. There are so many opportunities for technology to play a role when we are in a new place looking for new experiences.

My role at HKTB was to develop marketing partnerships with various online travel agents(OTAs) and digital travel platforms.That was when I started to learn more about the digital space and how technology has been disrupting the travel industry. I was even more determined to join a tech company one day and be at the forefront of innovations. Looking back, working at a Destination Marketing Organization(DMO) was a great way for me to broaden my exposure and network in the industry. Basically a DMO has to work with every different sub-sectors in the industry – airlines, hotels, travel agencies, OTAs, travel media… etc. I also met 2 of my subsequent employers when I was working at HKTB.

Very luckily, I was given the opportunity to join TripAdvisor – one of the top tech companies in the travel industry. Our role was to build partnerships with different DMOs in APAC. That was also when I started to do some selling in my job. I learnt a lot about communication and business relationship management. I still remember how nervous I was the first time I was walking by myself in a trade show trying to hand my name cards to various

DMOs. But practice makes perfect. I became better at striking a conversation with new people and I realized for the first time I actually enjoy 'selling' or 'influencing' a lot more than marketing. Of course I also enjoyed traveling around meeting different people from different cultures. I had to learn about the different cultures of different DMOs quickly and adapt my game plan accordingly. It was fun but it also tested my patience as influencing DMOs can be a very long process. They are government bodies so they have regulations and procedures to follow. Usually, their organization can be rather complicated, making it hard for you to identify the right person to talk to. But once I experienced closing a partnership deal, that adrenaline rush can never be forgotten. That can be a bit addictive!

After spending 3.5 years at TripAdvisor, I was honored to be invited by KLOOK to join them and build a DMO partnership team for the fast growing start-up. It was really my dream come true. Working in a tech start-up and working with the co-found and other bright and young minds was exactly one of the reasons why I joined the travel industry. At first it was rather challenging as I needed to adapt to the new culture and build a totally new function within KLOOK. There was a lot of liaison with internal and external stakeholders. I needed to advocate the value of working closely with DMOs to KLOOK and at the same time understand the challenges my peers are facing. I always believe in win-win and there is always a way for both parties to get more out of the same situation. It's just the lack of open communication and creativity that limits us. Gradually seeing the team grow in the company and seeing people around us beginning to appreciate and understand our work gave me great satisfaction. The young and bold culture also made my job very enjoyable and meaningful. There is little politics and hierarchy. Taking the initiatives to drive growth is always encouraged and appreciated. I am still enjoying working in such a dynamic environment where I am always encouraged to push boundaries, to take the lead, to speak up, and to drive initiatives that I believe in. Working with a young and energetic team to achieve something that seems impossible in bystanders' eyes is something worth waking up to everyday. It makes work even more meaningful when you know that you are part of a disrupting force in the travel industry, making travel a lot more enjoyable and hassle-free. But of course, everything has its downside. Being a young and rapidly growing company also means that sometimes you may not have all the tools, structure, system, processes in place to help you. It's normal when the company has to be very agile to adapt to the competitive environment. Another reason is the rapidly growing complexity of the organization as more people and functions are added at a really high rate. Still I would say this is still the best job so far!

An Associatuion Executive's Experience
My Journey In The MICE Industry

- Margaret Lu Kwai Ting

Business events. Event bidding. Association executives. Congress ambassadors.

My family are in the dark when it comes to understanding these terms. I just want to share this with you to shed light on the fact that many find it puzzling when it comes to understanding one's livelihood in the MICE(the acronym stands for Meetings, Incentives, Conferences & Exhibitions, nothing to do with pest control) industry, or better still, Business Events(BE) industry. I dare say that one in three parents do not understand what their child does for a living and chalk it up to their doing "something in tourism… (long pause)." When I asked my mother if she understood what I did for work, she frowned and said, "You always go on a business trip and attend conferences to meet people." And, yes, meeting people is the right keyword which I think has encapsulated our industry rather nicely – because our industry is all about meeting and people.

Frankly speaking, I have never imagined that I would be an association executive. I did a double major in Chinese Studies and

English Literature. Nonetheless, I still found myself and others questioning – how does a degree in Confucius and Shakespeare translate into an actual career in the events industry? One valid question, right?

I started off my career working as a translator at the High Commission of India. One fine day, I got a phone call from an unknown number for interview and the caller claimed that it was "an international association headquartered in Amsterdam, the Netherlands". As you might imagine, a fresh graduate like me would just grab anything that sounds "international(simply because it sounds good)" and I thought I had found a dream job with no clue to what was in store for me. And that was how I unintentionally landed at the association sphere for a good ten years. So, I joined ICCA(International Congress and Convention Association) in 2010 and became part of the ICCA Asia Pacific Regional Office's team based in Kuala Lumpur, Malaysia. As many of you already know, ICCA is a trade association for the conventions industry with a 50-year long tradition of tracking association meetings worldwide. From there I embarked on my journey of working as an association executive serving the Asia Pacific membership which consists of organisations covering different sectors of the industry, ie. national/city convention bureaux, Professional Congress Organisers(PCO), Destination Management Companies(DMC), venues, universities, event tech providers, event organizers, and so forth. As a membership personnel, my role involved working closely with the members to provide better support. But as a rookie I knew little about the non-profit world. What I have learned at university had little or none of which involved membership engagement, database management and event planning. I would be taking on duties new to me, such as processing membership applications, delivering online training, supporting members' needs and more. I knew that I had some quick learning and on-the-job training to do, besides answering the frequently asked question, "What kind of work do you do?" though I discovered it was a job which I was constantly challenged by and inspired by on the daily.

In any industry, you will more than likely meet many new faces on a day-to-day basis, and it is even more so in the events industry. Many say that our industry is a people industry and true indeed, human interactions is the heart and soul of the meetings & events industry. We nurture human connections through events. Whether it's an annual general conference, a regional meeting, a local chapter meet-up, or even a virtual event, nothing replaces personal interaction with other peers and colleagues. As associations are made up of connections, working for ICCA presented me with a great opportunity to meet new people and develop existing connections, many of whom have turned into real friends in life - and that experience is unparalleled.

So, what do you do with a bunch of like-minded people who share similar interests and opportunities? To me, 'networking' and 'knowledge sharing' are the two major reasons that associations hold value.

Association is more than just holding dinners and special events for their members. One of the best things associations can offer to its members is the opportunity to network. It gives members chances to meet with their peers and enjoy the company of fellow industry colleagues. Forming these relationships can help them expand their circle of contacts, find new partners/ clients, explore new job opportunities, and stay on top of the latest news and best practices in their field. I was often asked if we could link someone up with industry colleagues whom they could partner with, and nothing made me happier than helping members tap into the power of peer network. Collaboration between members, will always remain a key part of our profession.

Together with our talented and hard-working staff, we organised events to facilitate cross-sectoral conversations not only within the ICCA's membership but also involved thought leaders from academic associations. These conversations provide excellent opportunities for knowledge exchange. Our members are allowed to leverage their shared experiences and expertise to foster the development and adoption of best practices. For example, we worked with members to organise bidding workshops where member speakers shared their knowledge and experiences of successful/failed bids, practical tips on bid presentations and winning strategies.

This openness and willingness to share knowledge, in particular - commercial information and insider tips - is a unique business culture in ICCA. You wouldn't be surprised if you find a destination sharing its winning formula or best practices with another competing destination and this genuine, friendly conversation usually takes place over a cup of tea or coffee in the break rooms and on the show floor. Of course, business competition is always there but I think the most valuable thing members taught me was that, sometimes, we learn more when we work together. This idea that people support what they help to build is not something new, but association reminds me how powerful this concept is.

We also believe continued education should be attainable and accessible to all. As such, in my day-to-day work, one of the key focuses was to get new members on board via a proper 'orientation' course to get them up to speed with the ICCA's online business tools[1], especially the ICCA Association Database - a data reservoir containing over 20,000 regularly occurring and internationally rotating meetings. It is a business development tool to identify potential association congresses which users can possibly bid and host in the future. The online database is user-friendly but back then it had a rather "different" design, which certainly left many of us, particularly the less digitally literate (like me), almost fearful of it, let alone giving training. But as it happened, I was tasked to conduct training for members to make sure they were comfortable with the tool and fell in love with data. Three months after working at ICCA, I finally had my first appointment of online database training with an Indian member.

I don't remember ever studying so hard, certainly since the Medieval Literature paper. The database manual texts I read were devoted to association conventions bidding and decision-making processes. I came across some very foreign things, such as the term 'local contact/key contact'. Now you probably are familiar with the term, but I had never heard of it before. If you're not familiar with it, here's the definition: local contact/ key contact refers to the national society/ member (be it individual or representative office) of an international body. They will form the 'Local Host'or 'Organising Committee' if the organisation of an event is held in

---

1) ICCA members have exclusive access to a portal on the ICCA website which has a number of business tools such as the Association Database, online statistics generator(also known as Destination Comparison Tool, DCT), PR tools and white papers.

their geographic area(Great - there's another word for me to look up). You can imagine I was incredibly nervous on my first day of official online training. I wasn't even sure if I remembered the steps correctly and praying hard - please - please - don't ask me to talk about the local contact and the role it plays in a bid project. However, to my surprise, I realised that instead of me talking, members were the one who showed me the way. For example,

"We want to look for associations specialised in rice industry. They would make very good guest speaker candidates to our events."

- This PCO member is responsible for organising an annual event on rice production and technology.

"How many sports associations are there in the database? We run the biggest marathon in town and just wondered if we could form an alliance with these organizations to create new events in different parts of the world?"

- The event company is an expert in organising various kinds of sports events hence exploring new forms of collaboration between supplier and association client.

As the saying goes, "To teach is to learn twice." and learning is a two-way process. One of the greatest things I have learned from members is how they looked at meetings as a means to growing a city's knowledge economy. Yes, city ranking[2] is important but there is so much more beyond the numbers.

Meetings serve a higher purpose because knowledge industry leaders and job creators are coming to the front doorstep of your city. We see more and more destinations not only promote themselves as centers of expertise in particular sectors, i.e. automotive, technology and others, but also use meetings as tools to drive investment in those sectors and create opportunities in local community. Our industry is so much more than the feeder of the travel supply chain because meetings have the power to transform a city.

Believe me, the idea of 'meetings make better cities' didn't sink in until I found out one day when I was doing my Christmas shopping at Pavilion Kuala Lumpur Pavilion Kuala Lumpur[3]. If any of you have been to Kuala Lumpur, you probably have heard of, or use the famous Bukit Bintang Walkway which is right in the heart of the city, the shopping paradise of Malaysia. It was built as part of the preparatory work to welcome the 25th World Gas Conference(WGC) held in Kuala Lumpur in 2012. The 1.17km air-conditioned elevated

---

2) ICCA produces the annual country & city ranking based on the number of association events took place in a destination which meet its criteria.
3) Pavilion Kuala Lumpur is a popular tourist spot and shopping centre situated in the Bukit Bintang district in Kuala Lumpur.

walkway connects Pavilion Shopping Mall to Impiana KLCC Hotel and the Kuala Lumpur Convention Centre, the official venue.

World Gas Conference and Exhibition is the biggest and prime global gas industry event. The 2012 event attracted 5,299 delegates, 220 exhibitors and 13,803 trade visitors. However, many did not know that in anticipation of a big crowd in the city, the event Host, Petronas, funded this walkway project at a reported cost of 100 million MYR to create an accessible event for delegates. Result? The walkway not only addressed the city traffic issue, benefited its citizens and visitors, but also made Kuala Lumpur a walkable city. Until today, I would like to think of it as a legacy of the WGC2012 whenever I use the pedestrian walkway.

Now, as I look back at those years, I think it is fair to say that it has been a steep learning curve – from teaching as per user manual to adapting and creating content to allow for more member-led learning, while also learning to see the data through member's eyes. While I would wonder if that member who hasn't interacted with me during the Q & A session was lost in information overload, I would be somewhat proud of my profession and member's enthusiasm that I see arising out of all this.

Most importantly, I came to realize I had to do more than just deliver content and wait for engagement. It was more about building the member relationship and putting their interest first. Every member has his/her own business goals and we set our goals based on theirs. Personalisation is what it matters because what is good for Beijing may not be good for Bueno Aires.

To put simply, engagement is the lifeblood of any associations and interactions between members and association must be purposeful, active, and ongoing. I have had the privilege of working with amazing people over the years, be it members or Key Opinion Leaders from associations. I am blessed to have benefited from both relationships personally and professionally.

If I may sum up my journey as an association executive, I am glad that I have learned that employees should find their workplace a productive and happy place to be each day, that members decide to contribute to associations because they believe in and support a place which they can call a professional home, and that diversity should be an ingrained value, throughout the membership, voluntary leaders, and staff.

If you ask me what my biggest takeaway is from this decade-long journey, my answer is simple.

You need to be multipurpose because most of the time you are a communicator, sometimes an event planner doing role playing, at times a social media storyteller, and always a listener.

Career at the Tourism Board : MICE Marketer

- Dan Durby

I was in the tourism industry for 8 years and my grandmother still thinks that I work as a air-steward and I travel for a living. Well, the travel part of it was somewhat true but that is not all that I was doing but so much more as I was in-charge of marketing and promotion for Sabah Tourism Board(STB) in Malaysia before contributing to a small island state in the United State of America or also famously known as Hawaii.

Tourism was definitely not something that I planned for myself to join and I also never imagine myself joining and working for the government. I studied in International Politics when I was in university and majoring in Japanese and Spanish languages with a minor in International Law but being a public servant was never in mind but as a fresh grad, I was only thinking to make money. I started my career as a banker in one of the top financial institutions in Malaysia as the pay was the best in the market especially for someone like me who doesn't have any working experience at all. I worked for the bank for 3 years before joining the Sabah state government and my story of joining Sabah Tourism Board was a little weird as I have never heard of the organization before and didn't know their function in the tourism industry but my friend who was doing her internship there that time was asking if I would be interested to apply for a job with the organization. The rest I would say is history.

My first position that I served was as the marketing manager for Americas, Europe, and Australia and my first trip ever was to go to Melbourne(Australia) to attend and represent STB in a MICE event by MyCEB(Malaysia Convention & Events Bureau) to attract MICE players who are based in Melbourne. Being my first trip ever in Australia, there was a lot of things that I didn't know such as needing a business visa to the land Down Under although Malaysia and Australia are both a Commonwealth country. I also didn't know anybody in the event so I was just smiling and pretend that I know things as they mentioned 'fake it until you make it'. Presentation went well I think but that was so long ago and the only thing I remember from the event was meeting Poh who was a famous Masterchef Australia contestant and had a chat with her about durian. Remember that you can talk to anyone about anything as long that you find a common interest with that person. This was a skill that I learned and upheld until now.

That was my first taste of promotion Malaysia/Sabah as a MICE destination and from there on I would say that my skill has gradually improve with time. Looking after Americas, Europe and

Australia also means that I was observing after emerging markets which include India and Russia which I still remember hosting a dinner for wedding planners from India who were looking for a new up and coming wedding destination in Asia and that I have to talk about weddings stuff and I myself are not married. It was our first contact with event companies that was specifically doing wedding destination events and certainly not the last, the year after Sabah welcomed a huge wedding party that took the whole entire 5-star resort and the wedding lasted for 5 days straight. One of the things that I remember about this wedding as the request of elephants to be made available during the wedding reception which reminds me of Princess Jasmine wedding to Aladdin although these two was a fictional story and the request of elephants was a reality.

Another MICE events that I still remember until today is the joint event between Sabah Tourism and PATA(Pacific Asia Travel Association) that was held in Kota Kinabalu and this event was a workshop that was focusing on crisis management and emergency response by the tourism players such as hoteliers, airlines, and state government. The highlight of this event was having a bomb squad make a drill at the hotel to shown the importantness of being ready and alert. Let's just say that arranging a police bomb squad to come to the hotel when there's not a bomb scare have to be plan properly so that people/guests who are staying at the hotel won't be scared and we won't end on the front page of the newspaper next day. I remember this event well because this was also my last event that I organized before I left and joined another tourism destination in the United States which is Hawaii.

When I joined Hawaii Tourism, first thing I learned was the native language and understanding Hawaiian culture as a whole from starting my email with "aloha" to memorize flights schedule between Asian countries to Hawaii. I still remember that direct flight to Hawaii is only available from South Korea, Japan, Taiwan, China and the Phillippines but not really quite sure now as borders between so many countries was closed due to the Covid-19 pandemic that devastated the tourism industry worldwide. A light at the end of the tunnel would means sipping Mai Tai at Waikiki beach when the tourism industry bounce back.

참고 문헌

- 이광호, 뉴노멀 시대의 장소브랜딩, 지식공감, 2021
- 김난도, 최지혜, 이수진, 이향은, 더현대 서울 인사이트, 다산북스, 2022
- 한국관광공사, 한국을 팔아먹는 사람들, 지안, 2006
- KINTEX, 한 권으로 배우는 전시회 개획, 여백미디어, 2014
- 한국경제신문, 트래블 이노베이션, 한국경제신문, 2022
- 신동훈·이승윤·이민우, 디지털로 생각하라, 북스톤, 2021
- 류우희, 도시와 캐릭터, 커뮤니케이션북스, 2021
- 이승윤·안정기, 평범한 사람들의 비범한 영향력, 인플루언서, 넥서스BIZ, 2018
- 허정옥, MICE시대의 컨벤션과 도시관광, 관계를 팔아라, 서울경제경영, 2013
- 전우성, 그래서 브랜딩이 필요합니다, 책읽는수요일, 2021
- 김다영, 여행의 미래, 미래의창, 2020
- 유꽃비, 프로일잘러, 알에이치코리아, 2021
- 유현준, 공간의미래, 을유문화사, 2021
- 이장석, 세일즈 마스터, 진성북스, 2018
- 신수정·박현영·구지원·조민정·최재연, 2022 트렌드노트, 북스톤, 2021
- 김난도·전미영·최지혜·이향은·이준영·이수진·서유현·권정윤·한다혜, 트렌드 코리아 2021, 미래의창, 2020
- 이형주, 경험경제와 AI가 바꿀 MICE 산업, MICE Intellengence, 2021
- 김현정, 코로나19 시대 해외 주요 컨벤션 개최지 SNS 마케팅 비교, 2021
- 정지원, 유지은, 원충열, 맥락을 팔아라, 미래의창, 2017
- 한국컨벤션전시산업연구원, 에너지시티스 컨벤션 얼라이언스의 새로운 파트너, 노르웨이 스타방에르, Global MICE Insight, 2013
- 스마트관광과 MICE 호재 기대되는 대전, 〈호텔앤레스토랑〉, 2021. 10

> 여행업과 MICE산업은 교류와 네트워크 비즈니스로,
> 서로 간의 연결을 통해 성장하고 발전하며
> 사람의 온기를 느낄 수 있는 분야다.

Epilogue

2019년부터 호텔 및 관광, F&B 전문 매체인 〈호텔앤레스토랑〉에 기고를 시작하면서 그동안 짧지만 직장에서 경험한 내용들과 최신 트렌드에 대한 나의 생각을 독자들과 공유해 보고 싶었다. 여러모로 부족하지만 기고를 하면서 최신 트렌드에 대해 더욱 날카롭게 주시하게 되었고 그동안의 생각 또한 정리해 볼 수 있는 계기가 되었다.

하지만 매거진 성격상 개인적인 수필 형식으로 쓰기보다는 조금 딱딱하게 기술할 수밖에 없었고 여행과 관광, MICE라는 큰 테두리 안에서 나의 경험만으로는 이 분야에 관심이 있거나 또는 장차 이 분야에 뛰어들 예비 사회인들에게 다양한 분야의 경험을 제공하기에는 부족했다.

그래서 그동안 기고한 글들에 조금 더 나의 개인화된 경험과 생각을 넣음과 동시에 여행, 관광, MICE업계에서 일하는 실무 마케터들의 이야기를 담고자 책 출판을 기획하게 되었다. 최대한 다양한 분들의 경험과 다양한 분야에서의 마케팅 사례를 담고자 노력하였고 주변의 지인들이 흔쾌히 기고에 응해주었다. 이 지면을 빌어 진심으로 감사의 인사를 전한다. 현업에서의 바쁜 일정에도 불구하고 시간을 내어 기고해 준 분들과 본인의 기고문을 번역 시 흔쾌히 의역하도록 동의해 준 해외의 지인들에게도 감사드린다.

글을 써 내려가며 그리고 다양한 기고문을 취합하면서 여행·관광, 도시·MICE 분야는 융복합 산업으로 다른 산업과의 연계 및 컬래버가 상대적으로 용이하며 마케팅의 영역과 구성에서 타 산업보다 무한한 잠재력과 가

능성을 가지고 있다는 것을 알 수 있었다. 여행·관광, 도시·MICE 분야는 숙박(호텔, 리조트), 여행지(테마파크, 공원), 크루즈, 항공, 여행사, OTA, 공연, PCO, PEO, F&B, 쇼핑을 넘어 디지털 기업과 플랫폼 기업도 포용하게 되었고 교육여행, 산업시찰 투어 등 다양한 산업과의 연계도 진행 중이다.

    마케팅에 있어 이제 관광과 MICE산업도 디지털화를 고려하지 않을 수 없고, 때로는 민첩하게 움직여 선제적으로 대응해야 할 것이다. 4차 산업혁명으로 NFT, 블록체인, 클라우드 컴퓨팅 등 낯선 용어들이 쏟아지고 있는 가운데 마케터들은 혼돈의 시대를 슬기롭게 헤쳐 나가야 할 것이다.

    짧지만 그 동안의 경험과 여러 분야의 마케터들과 머리를 맞대고 고민한 결과는 디지털의 힘과 다양한 툴을 활용해 효율적인 마케팅을 수행할 수는 있을지라도 사람의 마음을 움직이고 신뢰를 구축하는 과정은 결국 사람에게서 나온다는 점이다. 무엇보다 모두가 인정하는 부분은 마케팅에 있어 정답은 없다. 특히 빠르게 변화하고 있는 현재와 앞으로 있을 미래에는 더욱더…

    마지막으로 업계 선배님들, 동료들, 후배님들에게 부족한 책을 보이게 되어 부끄러울 따름이다. 다만, 독자들에게 여행, MICE의 다양한 분야에서의 실무경험을 공유함으로써 자그마한 인사이트라도 제공할 수 있게 된다면 더 이상 바랄 게 없을 것이다.

추천사

MICE는 회의(Meeting), 포상 관광 또는 인센티브 여행(Incentive Tour, Incentive Travel, Incentives), 컨벤션(Convention), 전시회(Exhibition)의 4개 비즈니스 분야를 말하며 21세기의 고부가가치산업으로 손꼽히고 있습니다.

고용창출, 경제적 파급효과가 큰 것은 물론 일반 관광상품에 비해 수익성이 매우 높아 국가에서도, 지역에서도 MICE 확보를 위해 주력하고 있습니다.

〈호텔앤레스토랑〉에 MICE 관련 기고를 3년여 간 진행해온 저자는 지면을 통해 독자들에게 국내에서 개최되는 각종 국제대회, 인센티브 여행, 전시를 소개하며 이 행사들이 지역 및 우리나라에 미치는 긍정적인 파급효과에 대해 꾸준히 기술해왔습니다.

뿐만 아니라 각 컨벤션 시설들이 들어선 지역들의 활동과 시너지, MICE의 최신 트렌드들을 일목요연하게 전달함으로써 MICE의 중요성을 강조했습니다.

특히 30여 년간 호스피탈리티산업 전문지로 호텔, 숙박, 관광, 외식, MICE 등 유관 산업을 다양하고 깊이 있게 다루고 있는 〈호텔앤레스토랑〉 독자들에게 MICE 관련 산업들이 어떻게 협업하며 성장할 수 있는지 인사이트를 제공하고 있다는 측면에서 큰 의미가 있는 칼럼으로 자리잡아 왔습니다.

그리고 그동안의 글에 깊이를 더해 〈여행, 도시, MICE 마케터들의 이야기〉가 탄생했습니다.

최근 수원컨벤션센터에 세계임상병리사연맹총회 및 대한임상병리사협회 60주년 학술대회가 개최됐습니다. 세계임상병리사연맹총회 학술대회는 40개국 9,000여 명 이상이 참가하는 대규모 국제학술대회로, 지난 2020년 수원에서의 유치가 확정이 된 후 업계에 큰 화제가 되기도 했습니다. 이를 유치하는데 수많은 노력을 기울인 저자는 관광의 날, 장관상을 수상하는 쾌거를 이루기도 했습니다.

MICE산업과 단단히 사랑에 빠진 저자의 〈여행, 도시, MICE 마케터들의 이야기〉에는 저자가 MICE 활동을 하며 겪은 다양한 에피소드, 느낀점, 노하우, 그리고 MICE산업에 몸담으며 함께 뛰었던 이들의 이야기가 담겨있습니다.

지금까지 MICE산업과 관련해 이론을 다룬 도서는 많았습니다. 하지만 MICE 현장의 생생함을 담은 이야기, 현장에서 직접 일하며 느낀 이들의 이야기를 담은 책은 찾아보기 힘듭니다.

따라서 〈여행, 도시, MICE 마케터들의 이야기〉가 21세기 고부가가치산업으로, 앞으로의 발전가능성이 더욱 높게 점쳐지는 MICE산업에 새로운 바람이 되기를 바라봅니다.

〈호텔앤레스토랑〉 매거진
서현진 출판부장 드림

여행, 도시, MICE 마케터들의 이야기

초판 2022년 11월 9일
발행처 (주)에이치알
출판등록 제 2019-000176호
주소 서울시 마포구 성미산로19길 49 1층
전화 02-312-2828
팩스 0505-312-2828
이메일 news@hotelrestaurant.co.kr
홈페이지 hotelrestaurant.co.kr
페이스북 hoteltrends
블로그 hoteltrend
포스트 hoteltrend
인스타그램 hoteltrend

ISBN 978-89-959734-3-1(03320)

이 책은 신 저작권법에 따라 보호받는 저작물이므로 저자와 (주)에이치알의 동의없이 무단 전재와 무단복제를 할 수 없습니다.